日军侵华战俘营纪实丛书

济南战俘营纪实

何　晓　李爱军　何天义　编著

知识产权出版社
全国百佳图书出版单位

图书在版编目（CIP）数据

济南战俘营纪实/何晓，李爱军，何天义编著. —北京：知识产权出版社，2019.6
（日军侵华战俘营纪实丛书/何天义主编）
ISBN 978－7－5130－6146－9

Ⅰ. ①济…　Ⅱ. ①何… ②李… ③何…　Ⅲ. ①日本—侵华事件—战俘问题—史料—济南　Ⅳ. ①K265.606

中国版本图书馆 CIP 数据核字（2019）第 042297 号

责任编辑：宋　云　刘　江　　**责任校对：**王　岩
封面设计：北京麦莫瑞文化传播有限公司　　**责任印制：**刘译文

济南战俘营纪实
何　晓　李爱军　何天义　编著

出版发行：知识产权出版社有限责任公司　　**网　　址：**http：//www.ipph.cn
社　　址：北京市海淀区气象路 50 号院　　**邮　　编：**100081
责编电话：010－82000860 转 8388　　**责编邮箱：**hnsongyun@163.com
发行电话：010－82000860 转 8101/8102　　**发行传真：**010－82000893/82005070/82000270
印　　刷：三河市国英印务有限公司　　**经　　销：**各大网上书店、新华书店及相关专业书店
开　　本：880mm×1230mm　1/32　　**印　　张：**6.25
版　　次：2019 年 6 月第 1 版　　**印　　次：**2019 年 6 月第 1 次印刷
字　　数：130 千字　　**定　　价：**36.00 元
ISBN 978－7－5130－6146－9

《日军侵华战俘营纪实丛书》编委会名单

主　　编　何天义

副 主 编　曹朝阳　何　晓　范媛媛

编　　委　何天义　曹朝阳　何　晓
　　　　　范媛媛　何　海　李爱军
　　　　　侯志强　何　洁　王婵娟

序　言

虐待俘虏是日本在侵华战争中所犯的重要罪行之一，也是战后尚未解决的遗留问题之一。战时应当如何对待敌对国的俘虏，早在 18 世纪，国际社会就产生了施以人道待遇的观念；1899 年第一届万国会议上制定的《海牙第二公约》，1907 年《海牙第四公约》附件的《陆战法则和惯例章程》，1929 年达成的《日内瓦公约》，都有明确规定的基本准则。

战俘是战争和武装冲突中落入敌方控制之下的合法交战者，战俘不是以个人身份，而是以武装部队成员身份参加战斗的。交战国拘捕和扣留被俘人员不是因为其个人有任何违法行为，而是为了防止他们再次参加作战。俘虏必须享受人道的待遇，凡属交战国军队的人员，不论其是战斗人员还是非战斗人员，在被俘以后都应享受俘虏的待遇。因此对他们不应施以惩罚、虐待，更不应该予以杀害。战后，国际军事法庭宪章把“对战俘的谋杀和虐待”归入战争罪。但在日本侵华战争中，日军制造种种借口，非但不执行国际公约，而且虐待战俘，奴役战俘，对中国和世界犯下了滔天罪行。

20 世纪三四十年代发生的日本侵华战争，是日本帝国主义在近代史上多次侵华战争中最疯狂最残暴的一次，也是其以失败告终的一次。这场战争，从1931年九一八事变开始，到1945年9月日本投降签字，历时14年之久。中国军队进行重要战役200余次，大小战斗近20万次，歼灭日军150余万人，歼灭伪军118万人。战争结束后接受投降日军128万人，接受投降伪军146万人。但是，战争的最终胜利并不等于战争的每个阶段都取得了胜利，更不可能是每个战役和每次战斗都取得了胜利。面对武装到牙齿的日本军国主义，在军事上、装备上、综合国力上都处于弱势的中国军民，在战争中曾多次失利。中国军民遭到许多重大损失，有不少抗日军民被俘、被捕、被抓，关押进日本设在中国各地的战俘集中营（以下简称战俘营）。据近年的不完全统计，在抗日战争中，正面战场进行大会战22次，国民党军队伤亡320万人；敌后战场进行大小战斗125 165次，八路军、新四军伤亡58万多人。中国军队共伤亡380余万人，中国人民牺牲2 000余万人，中国军民伤亡总数达3 500万人以上；中国财产损失600多亿美元（按1937年美元换算，下同），战争消耗400多亿美元，间接经济损失达5 000亿美元。在死伤的3 500万人中，有1 000多万人都是战俘及劳工。据近年来核实，日军设在中国的战俘营、战俘收容所有100多个，关押战俘100余万人。

日军对中国战俘的虐待可分三个阶段、三个场所、三种形式。

第一阶段是战场上的屠杀。

对待战场上作战被俘的官兵，日军先要进行审查分类编队。按官阶分类登记，按原作战部队番号编队，伴随着这些活动，日军往往对战俘进行野蛮屠杀。对作战顽强，使日军在战场上遭到重大伤亡的部队的战俘，日军常常会对其进行“报复性”屠杀；对受伤严重、不能行走、不能当劳工使用，而又需要提供食品和医疗服务的战俘，日军常常当场施以“处理性”的屠杀；对于大批俘虏，日军本意需用这些人充当劳工，由于不按国际法对待他们，不把他们当人看，在管理上不负责任，不及时提供饮水、食品和医疗服务，致使战俘在从战场向战俘营转送途中，或由一个战俘营向另一个战俘营转送途中，几天吃不到东西，喝不上水，病饿而死，遭到“虐待性”屠杀。这种情况在南京沦陷后和中条山战役后最为严重。南京大屠杀的30万受害者中，有9万多人是放下武器的战俘。而在中条山战役中，据日军统计，中国军队被俘3.5万人，遗尸4.2万人，其实这些遗尸中大多是放下武器后被杀害的战俘。

第二阶段是战俘营的虐杀。

战俘营多数高墙电网、岗哨林立、戒备森严，对俘虏采用监狱式管理。战俘进入战俘营一般要经过验证、消毒、登记、编号、审讯、入所教育六道手续。进战俘营后，每天要进行出操点名、升降旗、呼反动口号、强制劳动、策反活动、唱反动歌、读反动报等刻板的日程。战俘吃的是发霉的玉米面、高粱米，吃不饱饭，见不到菜，喝不上水。塘沽战俘营的战俘劳工曾吃尿冰止渴，而石家庄战俘营的战俘则不得不吃老鼠充饥。住的多是木板房，睡的是大通铺，没有被褥枕头。穿的衣服又脏又破，多数人衣不遮体，一些战俘不得不趁外出劳动时捡水泥袋和破草袋捆在身上御寒。恶劣的环境，非人的生活，繁重的劳役，残酷的刑罚，加上瘟疫的摧残，折磨着战俘营的战俘，石家庄战俘营最多一天会死去200多人。在北平战俘营中，日军会把一些战俘的胳膊弯曲打上石膏进行肘死关节试验，致使这些战俘残废或丧命。济南、太原、北平、石家庄等战俘营均把战俘当作血库，大量抽其血液，并进行细菌试验、活体解剖。太原战俘营把战俘当活靶，捆绑着押到赛马场上让日军新兵练刺杀、射击，仅两次新兵练胆训练就虐杀八路军战俘340余人。由于上述原因，石家庄、济南、太原、北平几个大战俘营的死亡率都高达百分之三四十。每个战俘营附近基本上都有一个掩埋战俘劳工尸体的万人坑，死亡人数都在2万左右。

第三阶段是就劳地的役杀。

战俘在战俘营虽然也进行劳动，但多是临时性、应急性的劳动，而且流动性大，不固定。在其被日军输送到伪满洲国、伪蒙疆和日本本土各地后，在就劳地的劳动则是相对固定的、长期的、繁重的苦役。早在关东军劳务统制委员会第一次会议上，关东军有关人员就提出将数十万东北军俘虏及归顺兵训练、转化为劳工的计划。全面抗战爆发后，日军陆续把30万战俘从华北强掳到伪满洲国，日方称其为特殊工人，后来又改为辅导工人和保护工人。之后又将战俘强掳到伪蒙疆、华中、华南、日本本土、朝鲜半岛及东南亚等地服苦役。在管理上多数与普通劳工隔离，由军队和警察负责监管。日军从中国强掳到日本本土的 4 万名劳工中有 2 万人是战俘，日本称为训练生。战俘在各就劳地的生活条件和劳动条件普遍很差，但比较地看，东北比华北恶劣，国外比国内恶劣，煤矿、铁矿比一般工厂恶劣，秘密军事工程比一般军事工程恶劣。战俘劳工在被役使过程中，饱受冻、饿、病、累的折磨，死者很多。押往伪满洲国的战俘劳工的死亡率，低的有百分之十几，高的达 40% 。押往日本的战俘劳工死亡率约占 17% ，有的作业场死亡率达 52% 。

总之，不论在俘获地、战俘营，还是就劳地，日军和日伪管理人员对战俘的虐待一直没有停止，肉体上的摧残，精神上的折磨，经济上的剥削，政治上的压迫，直到战俘的生命终结。

战后的东京审判和各国的 BC 级战犯审判，已经证明日本政府、军队和相关企业在战时严重违反了国际公法和国际公约，犯有虐待战俘罪、残害平民罪、强掳劳工罪、侵犯人权罪。但因种种原因，战后审判对日本奴役和虐待中国战俘劳工的罪行追究却很不彻底。据日本法务省官房司法调查部编纂的《战争犯罪审判概要》（1973 年 8 月）中记载，由英、美、澳、荷、法、菲及中华民国提出的 BC 级审判起诉书中，有关俘虏收容所人员占全部起诉案件数的 16% ，被起诉人员的 17% ，判处有罪的 27% ，处死刑的 11% 。在战犯审判中，因虐待俘虏被起诉的案件仅次于宪兵犯罪的案件。但这些案件多由英、美、澳等国审判。设置战俘营最多、战俘受虐待最重的中国，参与对日本虐待战俘案件的审判却很少。日本在中国战场上犯下的残杀战俘的滔天罪行，只有南京大屠杀中的指挥者等少数战犯受到了审判。日军在中国建立战俘营虐待战俘劳工的种种罪行，只有济南等少数战俘营的管理者受到了审判，而对日军在伪满洲国、伪蒙疆、华北、华中、华南等地奴役战俘劳工的罪行基本上没有进行任何惩处。对掳往日本本土的战俘劳工，在 135 个作业场中，只有花冈、鹿岛等个别作业场的管理者受到了审判。20 世纪 50 年代，中国最高人民法院特别军事法庭审判在押的日本战犯时，华北几十个战俘营中只对济南、太原、保定、洛阳 4 个战俘营的日本管理人员进行了审判。而以上审判只是对犯罪当事人的战争犯罪责任进行追究，并没有对日本政府和相关企业虐待奴役战俘劳工所造成的人身伤害、经济损失、精神损失、家庭损失等进行审判。既没有向受害者谢罪，也没有向受害者赔偿。反之，日方还竭力销毁罪证，掩盖事实，否认罪行。

《海牙第四公约》第 3 条规定：“如果情势有必要，违反本公约之‘陆战规则’规定的交战者，应付出赔偿，该交战者应对其武装部队中一部分人所做的行为负责。”国际法还规定追究战犯的战争责任没有时效限制。根据这些法律，第二次世界大战中的侵略国德、意、日奴役和虐待同盟国战俘的问题，被受害者列为没有解决的战争遗留问题，在 20 世纪 80 年代又被提了出来。经过多年的斗争，1999 年 2 月，德国政府和企业拿出 100 亿马克（约合 53 亿美元）建立了“记忆、责任和未来基金”，对受害的战俘劳工进行赔偿。

早在德国全面解决战俘问题之前，美国和加拿大就已对战时关进美国和加拿大集中营的日本侨民进行了道歉和赔偿，美国总统给每位受害者发了致歉信，每人赔偿了 2 万美元（当时约合 16 万元人民币）。加拿大同美国的道歉方法和赔偿金额基本一致。继德国之后，奥地利也仿效德国的办法建立了强制劳工赔偿基金，对欧洲的战俘劳工进行赔偿。在英国，政府没有支持战俘向日本索赔，英国政府却为第二次世界大战时被日本奴役的英国战俘受害者每人提供了 1 万英镑（当时约合 15 万元人民币）的补偿金。然而，侵占中国 14 年、造成中国 3 500 万人死伤的日本，不承认侵略战争，不承认侵略罪行，不承担侵略责任。

国际上有一种说法，如何对待敌对国的战俘，可以看出一个国家和一个民族的文明程度和道德水平。日本军国主义在战时没有按国际公约对待中国战俘，而是虐待、奴役、残杀中国战俘。战争结束时，又烧毁文件档案，掩盖罪行，企图蒙混过关。战争结束后，当中国战俘劳工向日本政府和相关企业提出索赔要求时，他们又制造种种借口予以否认，加以阻挠。

从 20 世纪 80 年代开始，中国民间对日索赔在日本法院立案 28 件，其中战俘劳工索赔案 15 件。尽管经历了十几年的漫长诉讼，但都被日本法院以“国家无答责”“时效问题与除斥期间”“请求权放弃”等理由判决败诉。2007 年 4 月 27 日，日本最高法院单方面解释《中日联合声明》，以中国政府放弃战争赔偿为由，判定中国民间受害者丧失索赔权。

因为日本政府对历史遗留问题没有正确的认识和积极的态度，所以中国民间对日索赔问题至今还没有得到解决。

人类进入21世纪，实现民族和解、捍卫世界和平、建设和谐世界逐渐被提上议事日程，特别是存在众多历史问题和现实问题的中日两国及亚洲各国更为关注这一话题。第二次世界大战结束70多年来，中日两国人民为促进中日友好做了大量工作。日本民间团体帮助中国劳工争取受害赔偿就是一个例证，建立在中国、日本及亚洲各地的战俘劳工纪念碑就是例证。但日本右翼团体却处心积虑，倒行逆施，不断进行干扰破坏活动。近年来，日本在政治上越来越右倾化，在历史问题上大开倒车，否认侵略历史，掩盖侵略罪行，妄图翻案复辟，使中日关系降到最低点，战争遗留问题的解决也更加渺茫。中国受害者希望日本能向德国学习，正确对待历史问题，勇于承担历史责任，在深刻反省的基础上妥善解决战俘劳工这一战争遗留问题。

一个偶然的机会，我们选择了战俘、战俘营、战俘劳工这个课题，并为此进行了30年的调查研究。30年来，在有关部门和民间组织的支持下，我们先后召集战俘劳工代表大会5次，地区性战俘劳工座谈会20余次，走访征集战俘劳工口述资料1 000多人，征集有关资料3 000多万字，整理打印900余人的《战俘劳工访谈录》共计400万字，为400多位战俘劳工录制了音像资料，并刻录了光盘。

在旅日、旅美、旅加华侨的支持下，我们于1995年编写了一套4卷本《日军枪刺下的中国劳工》；于2005年编写了一套5卷本《二战掳日中国劳工口述史》；于2007年编著了《亚洲的奥斯威辛——日军侵华集中营揭秘》；于2008年编写了《日军侵华集中营——中国受害者口述》；于2013年编著了《日军侵华战俘营总论》。此外，还参与编辑了10卷本《日本侵略华北罪行档案》及《日军侵略华北罪行史稿》等40多部抗战类相关书籍。这些著作填补了日本侵华罪行、战俘英勇反抗史的研究空白，为解决日本侵华战争的遗留问题提供了史料和证据。但这些著作多为史料性、专题性、实证性、学术性著作，受众面较小，可读性不强。为了让广大群众特别是青少年，了解战俘劳工这一特殊群体，了解他们艰难困苦的悲惨遭遇，学习他们英勇不屈的斗争精神，我们从全国众多战俘营中选择了平津、石家庄、济南、太原、洛阳五个规模较大、关押战俘较多的战俘营的素材，编写了一套“日军侵华战俘营纪实丛书”。在这些战俘营中，有不少共产党八路军战俘进行的英勇反抗斗争，而斗争最坚决的是抗大二分校抗三团的干部学员，其中有不少是长征到延安的老红军，到华北办抗大的新八路。他们在日军“五一扫荡”时被俘，关进石家庄战俘营后，组建了秘密支部，在伪满阜新煤矿后举行了“新邱暴动”。于是我们单独为他们立传，编写了一本《战俘营的“抗三”》。全套书共6册。

这套丛书是根据战俘幸存者的回忆和口述，及各地残缺不全的文献和档案整理编写的，文中的人名、时间、地点可能有不准确的地方，加之时间仓促，水平有限，书中可能有许多偏颇疏漏之处，请广大读者谅解，请幸存者、当事者加以斧正。

为了增加书稿的真实性和客观性，揭露日军奴役掳杀战俘劳工的滔天罪行，我们从书报刊物上选编了一些图片，由于种种原因，未能找到原稿的拍摄者。这里我们向有关的拍摄者和编辑者表示感谢。看到这本书的原图作者，请同我们联系，我们将付微薄的稿酬。

何天义

2018 年 11 月 1 日于石家庄

目　录

前　言

泉城济南位于山东省中部，北临源远流长的滔滔黄河，南依浑厚坚实的巍巍泰山，会当中原南北之要冲，地扼山东半岛之咽喉。古代“四渎”之一的济水在市区北部缓缓而过，城市因位于济水之南而得名为“济南”。古时长期为省级衙署、府县治所，近代逐渐成为山东省的政治、经济、社会、文化活动中心。胶济、津浦、石德铁路在此交会，历来是兵家必争之地。

1897 年，德意志帝国侵占胶州湾，后又强修胶济铁路，从胶澳（今青岛）直达济南，山东成为德国的势力范围。这对觊觎山东已久的日本来讲，岂肯甘心，第一次世界大战爆发后，日本借口对德宣战，派兵从龙口登陆，入侵山东。1914 年 10 月，日军占领济南，11 月攻占青岛，控制胶济铁路全线。1915 年，又向袁世凯提出灭亡中国的《二十一条》等不平等条约。外交的屈辱促使中国人民的觉醒，1919 年初，济南各界民众以各种形势展开了收回山东主权的斗争，首先于 4 月 20 日召开了万人国民请愿大会，进而爆发了“外争主权，内惩国贼”席卷全国的五四反帝爱国运动。尽管如此，日本对济南乃至整个山东的经济垄断和掠夺大大超过欧美诸国，居列强的首位。

1927 年 3 月，以反对帝国主义、反对封建军阀为主要目标的北伐战争，突破直鲁联军防线，攻克徐州，剑指济南。把山东划为自己势力范围的日本便借口保护侨民利益，第二次出兵山东，从青岛登陆后，企图沿胶济铁路西进阻止北伐军。由于蒋介石、汪精卫忙于争夺政权，日军无机可乘，于 9 月撤回日本。

“宁汉合流”后，国民党新军阀加快了武力“统一”中国的步伐。1928 年 1 月，蒋介石复任国民革命军总司令，在美英两国的支持下，亲率大军北进，争夺北洋军阀的最后堡垒。4 月 27 日，国民革命军夺取泰安，直逼济南。直鲁联军不堪一击，张宗昌、孙传芳残部败逃黄河以北，国民军进入济南地区。日军感到既得利益受到威胁，于是又借口“保护侨民”，第三次出兵山东，阻止国民革命军北伐。由于蒋介石幻想通过谈判妥协来解决日本出兵山东的问题，便命令部队停止抵抗，“忍辱负重，不与日军相争”，故使日军得寸进尺、肆无忌惮，制造了震惊中外的“五三惨案”（亦称“济南惨案”），杀害中国军民6 000余人，直接经济损失3 000万余元。作战初期，日军俘虏中国官兵1 700余人，把山东邮务管理局、清喜洋行等地作为临时俘虏收容所，集中收容、审讯、殴打、折磨、杀害 700 多人。

七七事变后，日军第二军沿津浦铁路南侵，蒋介石撤走中央系的重炮旅，使地方系的韩复榘大为震怒，弃城南逃，日军于 1937 年 12 月 27 日再一次攻占济南。驻守济南的日军先后为第二军、第十二军、第四十三军，统领驻扎山东、苏北、淮北、豫东等地的日军。

为强掳战俘，抓捕劳工，日军在济南建立了救国训练所、济南新华院、临时战俘收容所。同时在辖区的青岛、德州、张店、徐州、海州、连云港、开封等地设立了战俘劳工集中营，收容监禁中国抗日军民，实行法西斯奴化教育，强制从事各种奴役性劳动。

日军占领济南后，为维护其法西斯统治，残酷镇压中国人民的抗日斗争，于 1938 年 6 月，驻济日军参谋部建立了山东地区正式的最高、最后一审判决军事法庭——济南军法会议。辖区所属军、警、宪、特抓捕的抗日军民即俘虏、嫌疑犯等，先在当地的俘虏收容所和小监狱关押审讯，然后根据事实、性质、情节轻重，逐级上送，先送到战俘营羁押，然后由“济南军法会议”审判，被判处死刑的拉到琵琶山等刑场的万人坑杀害，判处有期徒刑的送到战俘劳工集中营继续进行所谓的教化、训练、劳动、改造。

一、日军对济南的初次洗劫

1. 日本对中国北伐的干涉

日本最早在山东设立战俘集中营，始于1928年春对济南的入侵。第一次世界大战结束后，帝国主义列强仍将中国视为瓜分对象，将战败国德国在中国山东的一切特权转交给日本，日本视山东为自己的势力范围。1927年5月，当蒋介石的北伐军进攻济南，逼近徐州时，日本田中内阁即以保护侨民的名义出兵山东，迫使蒋介石不得不暂时停止北伐，进而辞去国民革命军总司令职务，第一次下野。1928年“宁汉合流”后，蒋介石复职，在英美两国的支持下，再次北伐攻打奉系军阀张作霖。而奉系军阀张宗昌盘踞的山东济南是蒋介石北伐的必经之路、必夺之城。1928年4月5日，蒋介石在徐州誓师北伐，9日下达总攻击令。田中内阁派人与南京暗中联系，一方面要挟蒋介石，要其仿照张作霖，满足日本在“满蒙”的种种特权，另一方面扬言再次出兵山东。对日本干涉仍心存侥幸的蒋介石，先是向日本等国递交了保护外侨的政府声明，接着向部队发出对日本始终忍耐、避免发生冲突的命令。但日本非但不领情，反而变本加厉。

5 月1 日，国民革命军赶走了张宗昌，开进济南城。当日晚间，蒋介石也抵达济南。5 月2 日，日军第六师团长福田彦助、参谋长谷寿夫率领重兵赶到济南，与北伐军形成对峙的局面。5 月3 日上午 8 时，日本驻济南总领事西田、武官酒井隆来到北伐军总司令部拜会蒋介石，对北伐军说了些赞美之词，并表示当天要撤军济南，因而前来辞行。然而，就在西田一行刚刚离开蒋介石的总部十几分钟，福田彦助便运用“先下手为强”的手段，对北伐军发动突然袭击，恣意杀戮中国军民。在全城烧杀抢夺、奸淫掳掠，制造了震惊中外的“五三惨案”。

日军的突然袭击，像狂风暴雨一样降临在毫无防备的中国军民头上。此时，第二十六军上尉韦云彬正带着宣传员在林祥街宣传北伐，近百名市民围看倾听，先是日本哨兵横加阻止，接着跑来百余名日军和日本浪人，不由分说地向人群开枪射击，当场打死打伤数人。韦云彬也因胸部重伤而死亡。第四十军一个士兵患病，被战友抬着送往基督教医院治疗，日军无理阻拦，并突然开枪，当场打死两人，其余人躲入医院，又遭日军机枪扫射。驻守纬一路纬二路的贺耀祖指挥所部第四十军三师七团，因驻地与日军较近，为了避免发生冲突，上级要该团转移到师部，脱离同日军接触。部队还未来得及转移，就遭敌人袭击，部队未能组织有效抵抗，不是被射杀刺死，就是被日军俘虏。驻在南仁义里的第四十一军九十二师炮兵团的两个步兵排被包围缴械。驻济南车站附近大车店的重机枪营马号被日军便衣队闯入，30 余头骡马全被拉走，饲养兵全部被俘。

2. 残杀外交特使蔡公时

两国交兵，不斩来使。而侵占济南的日军不仅在济南大开杀戒，而且将南京国民政府的外交部部长黄郛驱逐，将国民革命军总司令部战地政务委员会委员、军外交处主任、外交公署赴山东特派交涉员蔡公时残忍地虐杀。

5月3日上午，蔡公时率领18名署员到山东交涉署进行交接，突然门外响起枪声，日军向躲藏在对面基督教医院的北伐军官兵进行射击。不久全城枪声大作。蔡公时意识到形势严峻，打算亲赴日本领事馆询问，却被门口的日军阻拦。他向日本领事馆打电话，却被无理挂断。在日军围困下，公署与外界的联系被切断，公署人员一天没有吃饭。下午4时，日军突然冲进公署，将公署人员随身携带的自卫枪支全部收缴，还要求在公署三楼架设大炮，轰击马路对面基督教医院的北伐军，被蔡公时严词拒绝。夜晚，日军借口门外两具尸体是被署内人射杀的，要捉拿凶手，继而闯进署内大肆抢掠。青天白日旗和孙中山画像也被撕毁。蔡公时用日语质问日军的野蛮强盗行为，日军恼羞成怒，将署内手无寸铁的18人捆绑起来，撕去上衣进行毒打，用刺刀乱戳乱砍。精通日语的蔡公时从日军的对话中得知日军要杀害他们，就告诉大家要保持民族气节，以死报国。听到蔡公时的号召话语，日军将他的耳朵割掉，蔡公时大骂日军野蛮，日军又削去他的鼻子，挖去他的双眼。整个头部和胸前都被鲜血染红了，蔡公时仍大声怒斥日军。日本兵将刀插进他的嘴里旋了两圈，把他的舌头剜掉，接着把蔡公时和他的署员一个个拉出去杀害了。交涉署的 18 名官员，除张汉儒趁乱逃脱外，均被杀害。

为避免与日军交战，北伐军撤出济南绕道渡河北进，但日军对城中未及时撤离的北伐军并不放过，他们在城中进行大搜查，并规定遇有下列一项者，立即对其进行抓捕或杀戮：推平顶头与学生式头者；女子剪发者；穿草鞋者；有皮带者，有灰色衣服者；有南方人名片者；有中央钞票者；若受检查时开门迟者；有自卫之枪械者；带开国纪念币者；家中有军用品者；穿皮鞋者；操南方口音者；带照相机者；镶金牙者；学生式的青年；家藏青天白日旗和国民党书籍者。日军入城后，肆无忌惮地烧杀抢掠，挨家挨户地强行搜查，抓捕、杀害未及撤退的士兵及和平居民。济南商埠，普利门外，血肉横飞，尸横遍野。

3. 日军对战俘的虐待与杀害

5 月3 日，日军决定把拥有宽大院落的商埠邮局改为临时战俘营，把北伐军战俘一批批押进来。战俘们双手被捆绑着，数十人连成一串。当晚，为防止战俘逃跑，日军在院内拉上了电线，安上了五六个大灯泡。日军小队长木户金一带着一个小队在此警戒。他们野蛮地践踏国际法规，违反人道，以暴力手段凌辱战俘人格，肆意对其进行虐待和残杀。被囚的战俘白天双手被绑在背后，夜间则连脚一起被绑住，令人发指的是日军竟用铁丝捆绑战俘的手脚，且极力勒紧，直到勒出鲜血。有人疼痛哭喊，日军就用铁棍猛打，轻则流血，重则晕倒，有的被打断手脚，有的被打掉牙齿，有的被活活打死。日军小队长木户金一闲得无聊，便拿煤油当水让战俘喝下去来取乐，第一个战俘不喝，被三个日本兵用枪托猛打，用皮靴猛踢，惨叫着昏倒在地；第二个战俘在日军刺刀的逼迫下喝了两口，喉咙和胃疼痛难忍，在地上打滚，日军则高兴得哈哈大笑。他们见阴影处有个女人，走过去一看是个孕妇，木户金一有点扫兴，突然起脚向孕妇隆起的腹部踢去，孕妇惨叫一声，双手护着肚子倒在地上。三个日军又连续向她的腹部踢了一阵，致使孕妇绞痛不止，一个幼小的生命流产了。他们又走向另一个女子，将其架到墙角。不一会儿传出撕心裂肺的惨叫，这个女子被日军轮奸了。

日军还经常在夜间把战俘拉出去枪毙。战俘们被囚禁了一天一夜，水饭未进，饥渴难忍。信奉基督的意大利籍邮务局长看不下去，悄悄弄了60斤馒头，分发给战俘吃。却被日军小队长木户阻止，战俘们又断了口粮。

从5月3日起，短短三天，商埠邮局关押人数就达1 600多人。人满为患，拥挤不堪。5月5日，日军又把战俘们捆绑着押往纬九路和纬十路之间的清喜洋行空场内，让战俘们露天而居，每天只发给一个黑乎乎的夹生饭团。日军仍然是拳脚相加，毒打残害，还不时地把战俘拉出去枪毙。

躲在家中的女护士冯玉芬就亲眼看见日本兵把一个北伐军战俘头朝下吊在一棵大柳树上，先用皮鞭抽，抽一鞭子，

图1　1928 年 5 月 3 日，日军在济南向中国军队驻地进攻，蒋介石命军队撤出，日军制造了“济南惨案”，图为日军俘虏的中国军人（何天义研究室征集图片）

战俘抽搐一下，惨叫一声。抽累了，日本兵又把一个大钉子刺进战俘的手掌心，疼得战俘一阵惨叫，日本兵却获胜似地狂笑。接着又从屋内拿出一把雪亮的匕首，用刀凌刮战俘的肌肉。随着一阵阵惨叫，这个战俘鲜红的肌腱被日本兵一条条割下来扔在地上，他很快便昏厥过去，但两个日本兵仍不停手，把其臂上、胸上的肌肉割完了，又踮起脚尖刮其臀部和两腿的肌腱，直到这个战俘被活活凌刮致死。若不是冯玉芬隔着窗户看到了这一幕，人们都不敢相信这是真的。

最凶残的是肆无忌惮的虐杀和残暴的集体屠杀，江家池和西门外前门医院的 300 多名伤病员及医生、护士几乎全部被杀害。关押在清喜洋行的战俘一连几夜都遭到日军的集体屠杀。每当子夜时分，战俘带着饥饿、恐惧、困顿刚刚睡着时，空场上的铁门突然打开，几个日军提着轻机枪走进来，拉出一批战俘集合，接着便是一阵扫射，然后开进一辆卡车，将尸体装上运走。所以战俘们最怕夜晚到来，而日军让战俘出来时，战俘们都往后挤，于是日军又改变了花样。

这天子夜，铁门又打开了，空场里立即乱了起来，战俘们四处躲藏。借着手电光，人们看见一个挎军刀的日本军官走过来，后面跟着四个日本兵，两个人端着长枪，两个人不知抬的什么东西，上面蒙着一块白布。日本军官走到人群前说什么“有几个土匪混进了俘虏中，皇军今晚要搜查土匪”，要大家“不要慌乱”，让“不是土匪的请往前站，待皇军到后面搜查”。战俘们对鬼子的话半信半疑，但求生的欲望诱惑着他们，许多人还是慢慢地向前移动。就在这时，一个日本兵将那块白布刷地扯掉，地上露出一挺黑乎乎的重机枪。战俘们知道上当了，但是已经晚了。日军的重机枪响了，战俘们惨叫着倒下一片。两分钟后，机枪停止了吼叫，300 多名战俘变成了冤魂。接着日军开来两辆卡车，把战俘尸体装上去，拉到黄河大堤上，抛进夜色的黄河中。

不少战俘就这样被日军秘密处死，毁尸灭迹，有的被烈火焚毁，有的被投尸黄河，有的被埋到城墙外边。

4. 震惊中外的“五三惨案”

日军在攻占济南全城后，连续屠城十几日，而后又持续不断地对人民进行残害。根据“济南惨案外交后援会”的调查，在这场浩劫中，中国军民被杀害 1 万余人，俘虏中国官兵1 700人，杀害 700 多人，财产损失达 2. 3 亿元以上。而根据“济南惨案被难家属联合会”1929 年 6 月的进一步调查，在这场浩劫中，死亡人数为6 123人，受伤者1 701人。日军《济南“五三”事件报告册》也承认：日军在 5 月 3 日的突袭，即俘虏了 1500 多人，随后又进行了更加严密的搜查。据日军档案资料：单是 5 月 3 日和 4 日两天，缴获的步枪和手枪即达2 297支之多，足见“济南惨案外交后援会”的调查数字1 700余名毫无夸大之处。然而在 5 月 20 日，日方对“济南临时治安维持会”声称，只有1 081名战俘，那失踪的600 多人，大都被日军以土匪名义分次枪决，尸体用汽车运走，抛入黄河了。

在 5 月 21 日召开的中日联席会议上，决定由济南商会派人遣送这些俘虏。当商会派人接洽时，日方的名册上只剩下1 071名。商会询问那 10 名俘虏的下落，日方竟说已释放回家。但据附近居民揭露，22 日早晨，日军曾在纬九路枪决10 人。23 日，日方在联席会议上称有 20 名俘虏患病。24日，等红卐字会及红十字会去接病人进行救治时，20 人只剩下 15 人。日方说那 5 人患病死了，却不见尸体。而活着的15 名患病士兵绝大部分被打得遍体鳞伤，虚弱不堪，有 2 人已不能说话。受伤俘虏陈述，如果不是长官命令不许还击，他们绝对有把握战胜日军。

此后，经过济南临时治安维持会与日本方面再三接洽，决定将南方籍的俘虏运回上海就地解散，北方籍的俘虏运往天津或青岛解散，山东籍的俘虏在济南就地解散。6 月 13 日，济南日军将被关押的南方籍战俘 918 名释放，送往上海。6 月 20 日，又将 100 多名北方籍的战俘由济南中日联席会议给资遣散。其中 10 余名被日军认为是“刑事犯”的俘虏，被解送警察厅。

“五三惨案”是日军第一次在济南屠杀中国战俘，制造这一惨案的祸首谷寿夫后来又参与制造了南京大屠杀，强掳和残杀的战俘是“五三惨案”的百倍。

图 2　蔡公时烈士铜像，由新加坡侨领陈嘉庚等筹资铸造，因局势动荡一直滞留海外埋藏地下，抗战胜利后重见天日，2006 年回归殉难之地

为了铭记国耻，怀念英烈，日军1929年6月撤出济南后，济南民众将在炮火中变成废墟的西门顺城街改称“五三街”，刻立“五三惨案纪念碑”，并在蔡公时遇难处附近修建了“五三惨案纪念亭”（七七事变后纪念亭被毁）。“五三惨案”一周年时，山东民众在泰安岱庙遥参亭坊前刻立了“济南五三惨案纪念碑”。

1995年9月2日，抗战胜利50周年之际，济南人民在“五三街”旧址重新修建了“五三惨案纪念碑”。1998年“五三惨案”70周年时，在不远处的护城河西岸，又重建了“五三惨案纪念亭”。2006年4月10日，新加坡华侨陈嘉庚的后人又将1930年铸造的蔡公时烈士铜像移交给济南民众，安放在济南趵突泉公园的“济南惨案纪念堂”内，与“五三惨案纪念亭”“五三惨案纪念碑”隔河相望。

图3　济南惨案纪念堂，2007年4月落成

二、“救国训练”的失败

1. 济南救国训练所的设立

1937 年 12 月 27 日，日军再次攻占济南后，为了利用战俘、强掳战俘，日军在占领区设立了许多临时战俘收容所，后来又在济南建立了救国训练所。

救国训练所成立于 1940 年 5 月 15 日，正式收容第一批战俘为 5 月 21 日。地址设在济南市南圩子门外千佛山下的原华北中学内（现山东大学工学院对面）。院子坐北朝南，有一正一侧两道门，进入南边正门有三排房子，第一排是办公室和办公人员宿舍，第二、第三排是战俘人员宿舍，北边有一个大讲堂，建筑面积约1 000平方米。西侧有一个供训练人员出操的大操场，训练所外还有4 200平方米大的一个农场，供战俘训练人员种植蔬菜、粮食，养鸡、养猪，进行劳动训练。

救国训练所由驻济南的日军第十二军（代号仁字第 4221 部队）管理。所长樱井荣章，系日本随军和尚，却又拥有日本宪兵少尉军衔。日本侵华初期他曾在日军宣抚班花言巧语地欺骗麻痹中国人民，救国训练所成立后，他担任所长。樱井一手拿着念珠，一手握着屠刀，既当和尚，又当刽子手，以佛教信徒为掩护，为侵略战争服务。

所部下设日籍、华籍两个办公室，以及庶务、经理、教化、授产各系。有日籍教官、庶务等 8 人，中籍教官、翻译、雇员等 15 人，大多是从日伪宣抚班和新民会调来的。警备队员若干人，由济南市警察署南区分署提供并承担训练所的警戒工作。

该所筹建时定员 200 人，后来不断扩大。1942 年关押了四五百人。关押在这里的人员，可分三类：第一类是战场上被俘被抓的中国军政人员；第二类是日军下乡“扫荡”时抓来的抗日民众；第三类是宪兵队、警察所转来的嫌疑犯。大多是日本驻山东军、警、宪、特转送来的，也有部分是驻济南的第十二军法务部交来的，交接手续都由日军办理，一切行政业务由 4221 部队直接领导。该所的经费及所内人员的工资由山东省新民会开支。新民会宣传部也承担部分反动宣传教育工作。日军要求训练所每月递交书面报告一次，有关重要谍报情报要随时向军方汇报。

救国训练所成立伊始，驻济南日军就制定了《救国训练所章程》，明确训练所名称为“仁第四二二一部队救国训练所”，目的是收容共产党俘虏，使之感受日军恩威，引导其反共，并对认为将来有利用价值的俘虏进行特殊训练，用于谍报、谋略及其他工作。正规军及国民党系的俘虏中有利用价值的也遵照前项执行。

训练的方针要领是通过所谓“大乘宽厚”的精神和有规

律的起居指导，改变俘虏以往的生活方式，并教导其抛弃囚徒思想，过上自律生活，然后进一步开展利用说服工作。

训练的内容有思想训练、识字培训、日语培训、劳动生产培训等。思想训练的方法有教官训话、读警词、外出参观、举办座谈、写悔过书等。誓词是早已印好的，每天都要念，内容大意是“吾辈得超脱九死一生之难，为建设新中国……向大东亚共荣之途迈进”，等等。写好的感想文章和悔过书要上交，由新民会挑选对日伪有利的汇编成册，题名《耳闻目睹》等名称，然后再印发给战俘及后来者学习效仿。

同时日军还给训练所一项特别工作，一方面从战俘中挑选了解共产党军队内情的人开会座谈，摸清对方情况，获取谍报、谋略、宣传方面的资料；另一方面选拔特别工作要员，对其进行特殊训练，向日伪组织提供谍报、谋略及特工人员。

训练所的战俘都必须到附属农场和特定工厂参加劳动，这就是所谓的劳动训练。训练时间开始定为2个月，后改为3个月，最后改为半年，特殊人员训练时间还可延长。

2. 无辜抓捕的三个青年

吴俊，山东平度人。1941年冬天，他听说国民政府设立的国立二十二中、阜阳军校、临泉师范等学校招生，就在家乡平度市政府参加了考试，并被录取。农历二月下旬，他约着同学郭典礼、杨允禄一起去阜阳上学。因为他们年轻，又是第一次出门，家里人不放心，杨允禄奶奶便陪着他们前往，顺便看望在济南新民会当会长的儿子杨新斋。到济南后，几个青年游大明湖，看趵突泉，逗留了几天。不料引起日本特务的注意，在他们起程的前一天，一个日本特务、两个警备员冲进了他们的住所，不容分说就把他们捆起来，押到济南第五派出所。当他们走到大街上时，看到沿街几个路口都拉起绳子，禁止行人通行，没想到日军对三个青年竟大动干戈。

在派出所，吴俊第一个受到审讯，开始他想隐瞒去阜阳上学的事，但警备员对其拳打脚踢，用皮鞭抽，好像已经知道他们的情况，追问不停。他想着，上学也不是什么错事、坏事，索性照实说了。郭典礼、杨允禄也都照实说了。敌人核对了三个人的口供，非但没有放他们，反而将他们绑送到警务厅特务科拘留所。因为警察已知道他们的身份，所以在拘留所不再像开始那样刑讯逼供，但仍然过堂盘问，问一些与上学有关的问题。

一天，一个日军小头目亲自来审讯，两旁站着几个端着步枪上了刺刀的日本兵，杀气腾腾。

问过每个人的姓名、年龄、家乡、住址后，就提出一堆问题：“是国民政府的县长好？还是汪主席派的县长好？”

“你们是拥护省政府（蒋系）还是押护省公署（汪系）？”

“你们是支持抗战还是支持‘共荣’？”

面对日本军官的提问，三个青年各谈各的想法，对于好回答的，就直接回答；对于不好回答的，就说“没有接触过，不知道哪个好”。青年人说心里话，日本军官皱鼻子瞪眼；青年人违心回答，日本军官又哈哈大笑：“说假话大大的！”

更可笑的是日本军官问吴俊：“中国为什么和日本打仗？”

吴俊就实话实说：“这是日本挑起来的，因为日本侵略中国！”

日本小头目却说：“不对！中国和日本如同兄弟二人同居，为兄的把弟弟赶出了家门，现在弟弟长大成人，回来分家业，为兄的不给怎么办？”

听了这种谬论，三个青年不知该怎么回答。日本军官两眼瞪着待了一会，又接着说：“那么只有用武力来强分了！”

三个青年无以回答，他们觉得这个日本军官真是痴人说梦，滑稽可笑，蛮不讲理。

三个青年并没有违反日伪的法律和规章，可是日本军警还是不放他们，在拘留所审讯 5 次、扣留 21 天后，把他们送到设在济南成通纱厂的“青年训练所”。为同国共两党争夺中国的年轻一代，日伪在这里强制进行日语教学，灌输奴化思想。三个月后，又把他们送到千佛山下的救国训练所。

3. 战俘的生活和出路

被俘被捕人员入所后，先进行登记、编班，从被俘人员中指定班长。救国训练所为给日伪政权培养骨干，生活条件比监狱要好。

一进救国训练所，三个青年觉得空气都变了。他们虽然不是战俘，但体验了日本改造和争取中国战俘的全过程。这里一天三顿饭，吃的是白面馒头，中午还能吃一碗大锅菜；可以穿自己带来的衣服；住的是大通铺（三间房大小）和备好的简单卧具。这和在拘留所、宪兵队以及战场上的临时俘虏营的情况，形成鲜明的对比。

国民党第五十一军的几个中级军官和一个游击保安团长同他们住在一起，其中有些人是奉命去暂编十二师赵保原部（驻莱阳万第村）检阅部队，路经平度时被日军俘虏的。晚上没事时，一个国民党军官给吴俊讲起了被俘后的经历。他们先被押到胶县日伪拘留所，每天都是从泔水桶里捞饭渣吃，脏臭难闻，还吃不饱。夜里，日伪人员特意往铺草泼水，叫人睡不安稳，结果人人身上生满虱子，患了疥疮。国军战俘军官还悄悄地告诉吴俊：“日军把这里的生活搞得这么好，是别有用心的。他们只不过给这些人壮壮身子，换换脑子，以便发落出去，为其服务而已。”

救国训练所的日常活动是有规章的，也是呆板的。每天早上集合站队，升旗鞠躬，面向东方遥拜天皇，唱《东亚进行曲》，然后由所长或教官训话，内容大体是训练所大乘宽厚，日本不是来侵略中国，是来帮助建设新中国的，中日两国要共存共荣，反对不人道行为。每天上午有半个小时的新民操；下午有一个多小时的室外活动；其余时间就是训练学习；晚上，听所谓“大东亚圣战”的消息广播；入夜，则强制战俘学习佛家打坐思过，“消除”不符合“大东亚圣战”的思想。平时的训练，主要由教官讲课，个人读誓词、读《新民报》、班组座谈、写悔过书类的感想文章，誓词是早已印好的，每天都要读。

一天复一天，一月复一月。没完没了的训话，座谈，读誓词，写悔过书。别说战俘军官，就连涉世不深的三个青年都觉得无趣、反感。思过！思过！自己去上学，有什么过可思？怎么就不符合“圣战”思想呢？吴俊他们想不明白。

恐吓、欺骗、残暴，是所有侵略者的本性，日军对战俘进行奴化教育，是想争取他们为其服务，在达不到目的时就采用卑劣的手段。有谁反抗，他们就采取关（禁闭）、饿（不给吃喝）、熬（不让睡觉）以及使用刑罚等措施。

训练结束后，对愿为日军服务的，发给毕业证书，或送到日伪机关和特务机关安排工作；或发给良民证和路费，留下通信地址，建立联系方法，放其回家，要求其定期向当地新民会和特务机关联系汇报，提供情报。其中大多数对日军表示敌对的、无法利用的俘虏，则被送到华北、东北各地充作劳工。

日军为了欺世盗名，还在集中营中制造种种骗局。有时当有从战场被俘的中国官兵被押送至此，他们就会召开“欢迎会”；每往东北或日本输送一批劳工时，就会开“欢送会”，大力美化和鼓吹“日军救中国民众于水火”的“恩德”。这真是鬼蜮伎俩、蛇蝎心肠！分明是侵略者，却偏偏要扮作“乐善好施”的恩人。吴俊等人被送进训练所近一个月，就参加了一次“欢迎会”、两次“欢送会”，送走战俘150多人到东北煤矿做劳工。“欢送会”一结束，全副武装的日军押着汽车开进训练所，把战俘押上汽车送到火车站，关进闷罐车运走，这些战俘的命运如何，可想而知。

至于吴俊等三个青年，因杨允禄的父亲是济南新民会的会长，托人从中疏通了关系，救国训练所没有把他们送去当劳工，而是把他们送到日伪机关分配留用。但有一条，要求他们必须到日伪政权在济南控制的一座寺庙中做一次祈祷。

这天，三个青年被带到这座寺庙，穿着中国僧人服装的日本住持让他们跪在佛像前。日本住持又敲钟，又念经，手舞足蹈地朗诵祷词，实际是让三个青年宣读事前编好的誓词。据说，由日本国内更补充替的侵华士兵也需要做这种宣誓祈祷，只是祷词内容有所不同罢了，目的同样都是以宗教迷信来麻痹他们，以便其为日本军国主义卖命。

三个青年做完祈祷，日本住持送给每人一个小佛像，说是神在保佑他们，也在时刻监视他们，要他们“忠心为大东亚圣战效力”。

当时送三个青年前去祈祷的，是日本一名叫阿部的宣抚班长，祈祷文也是他写的。开头是“显显道义救国”，大意是“要为强化治安和救国效力”，这就是救国训练所的真谛。明明是侵略，却说是救国；明明是要中国战俘去当汉奸，却称其为救国效力。

三个青年做完祈祷，住持让其在誓词上签名，他们就签了个假名。接着，他们被送出济南救国训练所，送到寿光市伪县署宣抚班。不久，他们三人先后跑回了家。日本侵略者费尽心机，也没想到会是这样的结果。

三个涉世未深的青年姑且如此，那些在战场上出生入死的被俘官兵岂会真心为日军卖命！虽然三个青年不是战俘，但他们的亲闻亲历，使我们了解到济南救国训练所的内幕。

4. 救国训练所的撤销

侵占山东的日军，除设立济南救国训练所外，还策划筹建了青州救国训练所、兖州救国训练所，但发展并不理想。济南救国训练所从1940年5月15日成立，到1943年5月撤销，在长达3年的时间里，到底关押训练了多少人？有多少战俘被送到日伪党政军充作汉奸？大部分战俘被送到伪满充作劳工，虽然我们没有看到日方的统计数字，但从当事者回忆和残存的资料分析，当时关押人数约5 000人，多数被外送充作劳工。

救国训练所所谓的训练，主要是对战俘、囚犯和抗日军民进行“战意瓦解”“政治争取”“宽大怀柔”“奴化教育”，培养汉奸力量，为日本侵略战争服务。他们要救的国，不是遭到侵略蹂躏的中国，而是要救汪伪政权和日本帝国。这是救国训练所的目的，也是日本军国主义的罪行。

1942年，日本政府组织国内政界、企业界人士参加“华人劳务者使用状况视察团”，对石家庄和济南两个战俘营进行考察。参加考察的北海道炭矿汽船株式会社劳务部长前田一在考察报告书中说：“比起石门训练所，济南训练所规模要小得多，人太少，作为给（日本）内地输送劳力还不够理想。”也许正是这个原因，为增强向日本输送战俘劳工的能力，济南日军加快了新华院的建设。

三、杀人魔窟新华院

在山东省会济南市北郊官扎营，有一座环境优美的校园。这就是培养灵魂工程师的山东济南幼儿师范学校。迎门一组雕塑，一个身穿连衣裙的婀娜少女，纤腰微躬，双手捧着花瓶状的水壶，正在浇灌知识的泉水。身旁是三个正在戏耍的天真无邪的孩子。如今在这所学校读书的大多是豆蔻年华的少女，面对这些花季的学生，人们不由得想起春天的原野、灿烂的阳光、纯真的世界。青春、爱心、未来，一个充满爱和希望的人间乐园。然而，时光倒退六十多年，这里却是一座冤魂啸聚的人间地狱。这里就是杀人魔窟新华院——日军建立的济南战俘营。

1. 监狱般的设施

官扎营街一带，过去叫关家茔，是一片荒凉的坟地，在农田园畦中间夹杂着一些低矮简陋的民房。因为救国训练所不能满足大批训练战俘、大批向日本本土输送劳工的需求，1942 年 9 月，日军酝酿在这里建造一个战俘集中营。于是，他们强拆民房，霸占农田，圈地盖房，大兴土木。

1943 年 2 月，日本华北方面军参谋部向第十二军下达电

图4　如今的学校当年却是战俘的地狱（何天义研究室拍摄）

令："因大东亚圣战之需要，兹决定在中国鲁省济南建立一大型战俘集中营，拟定名为'新华院'，该集中营一俟建成，一应事务由十二军辖制，帝国圣战必胜。"

新华院前期一直由驻济南日军第十二军（代号仁字第4221部队）筹建和管辖。1944年，第十二军参加中原作战后，由新组建的日军第四十三军（代号秀岭第1700部队）管辖。具体管理的部队为驻鲁日军仁字第2350部队（后改为依字第2350部队）。

新华院占地25万平方米（合375亩），园内分东西两院。西院较大，为新华院本部，东院住着看管战俘的日本驻军。院外，东到虹桥，西到胜利庄，所有农田都被占为新华院战俘劳工服劳役的两个农园。

新华院的办公楼设在东院迎门花坛后面，为合署办公

图5　原济南战俘营新华院遗址，现山东济南幼儿师范学校（何天义研究室拍摄）

楼。在办公楼西北隅有几排平房，设有新华院总队部、办公室、经理部、辅佐官室、兴亚建设队以及总队部人员宿舍和被俘国民党高级将领宿舍。

新华院的四周有壕沟、围墙和电网。壕沟宽 5 米，深 5 米，内蓄污水，沟边设铁丝网。沟内围墙高 3.3 米，上面架设着密密麻麻的铁蒺藜和高压电网，围墙四角有岗楼，内有日军荷枪实弹瞭望警戒，外围有日军昼夜站岗巡逻。大门口两旁各站着一名手持长枪的日本兵，卫兵向外两步远的地方，横着一道由铁蒺藜和木料扎制的活动鹿砦，在值班室旁设置了禁闭室。在东院驻军营地豢养着一群狼狗，日军专门对其加以训练，夜间放出巡逻，以加强警戒。警犬日夜嗥叫，震撼全院，令人毛骨悚然。

新华院设内禁区和特禁区。设在内禁区中第一道高约2米的电网之内的有干部队、图书室、医务室、伙房队等，均为兵营式平房。在第二道铁丝网之内的为“特禁区”，训练队就设在里面，是集中囚禁俘虏的地方，系院中之院。有前后两排6幢仓库式的大厦，每幢大厦内能容纳千人左右，厕所设在门外对面，入口由警备队把守。铁丝网外每隔20米设一个岗哨，日夜值班，以窥看被囚人员的行动。四周电网夜间通电。禁区之外的大门始终禁闭，只开旁门，有日军一个班负责常驻看守，门外有铁丝鹿砦挡道。

日军办公楼北面设有方圆400米的一个操场。靠东墙有一个半人高的土台子，是对全院俘虏点名、训话和阅兵的地方。台子东边矗立着一根高高的旗杆，一面很大的太阳旗在旗杆顶端飘动。俘虏每日早晚两次集中在这里，早晨按中、小队排列点名、升旗，报验增减人数后，参加“跑步训练”或罚劳役；晚上再一次集中在这里点名、降旗。操场的南端架有高约10米的瞭望台，中间顶着几块长条木板，上面写着“大东亚圣战”的标语和《大东亚歌》的歌词；台顶上设有一个岗楼，上有荷枪实弹的日军全天候站岗，站在瞭望台上鸟瞰全院，可称一览无余。整座院落，透着森森杀气。

2. 以俘治俘的管理

新华院由驻济南日军参谋部高级参谋山田、铃木一郎少佐等直接控制，先后担任院长的有蛸子、渡边正雄、增田一郎、青井真光等。在院长领导下设有办公室、经理室、辅助

图6　当年新华院日本兵的住房（何天义研究室征集图片）

官室和日本警备队，经常有一个排的日军负责警戒工作。

为了向日本输送战俘劳工，1944 年 1 月，华北劳工协会参与了新华院战俘劳工的管理和运输工作。在济南办事处驻地成立了“兴亚建设队”，由华北劳工协会济南办事处主任中川久平负责，由赵大因和岛田寿任正副队长。1944 年 3 月，该队迁至新华院内，正式设科，赵大因、岛田寿任正副科长，下设审问、文书、劳工、事务四股和卫生室。1944 年 9 月，中川久平调往张店，华北劳工协会又派橘重敏、阿部来负责管理工作，兴亚建设队演变为劳工训练所，设主事室（负责该所的一切事务），下设总务、会计、指导、卫生四个科。这个时期，新华院对外又称“济南劳工训练所”。劳工训练所协同原新华院日军，承担了新华院对战俘劳工的奴化教育、管理输送工作。劳工训练所主事室和各科负责人大都是日本职员，只有少数办事员系中国职员。

日军在新华院采取“以华制华”“以俘治俘”的政策，

在日军管理人员的领导下，设立了庞大的俘虏人员管理机构。首先设立了总队部。总队部是全院俘虏管理人员的最高组织，设总队长1人，总队副2人，文书若干人。总队部直接领导参事室、审问课、警备队、干部队、训练队、工场队、农场队、抽血队、卫生班、病号房等，总队以下设大队、中队、小队，小队下为班，每个班四五十人。

在总队部领导下，审问课负责俘虏的收容、登记、输送和死亡人数核实工作。根据各地转来的战俘档案和名册，进行逐个点名问讯，核实后送入训练队。平时则掌握输送劳工及增减人数、残废人数的统计工作，每天向驻济南日本军部上报。除此之外，还进行案情的复审和行刑。1944年担任审问课课长的是日本人高桥，副课长是国民党被俘军官。

警备队由日军从战俘中挑选一些青少年编组而成，最大的不过18岁，敌人利用他们的年幼无知，在生活上给予其优待，训练他们站岗守夜、管制战俘。

干部队是1944年12月成立的。专门培养、训练管理战俘的中小队长及骨干分子，其成员是从训练队里挑出来的。

训练队的成员是集中营的一般战俘，凡进入新华院的人，都要编入训练队进行训练。在总队部直接领导下，设大队、中队、小队、班，每个班四五十人不等，最后形成对外输出的劳工队，强掳到伪满和日本充作劳工。

新华院还设有工场队、农场队，这是一般监狱常设的农场和工场，凡年老体弱或有手工技术的俘虏才能被选用，设有织布、织袜、制鞋等班组。1944年春，由日本南昌洋行株式会社投资，在新华院外南路南侧新建了一个纺织厂，设有织布、浆线、漂白、印花、织袜等车间，每天把四五百名战俘劳工押到这里进行无偿劳动。

此外，新华院还设有战俘参加管理的医务室、病号房、被服仓库、伙房、炊事班、辅导班等。医务室设在训练所的前面，中间只隔一层铁丝网。有一名医生，两名护士。名义上是给战俘看病，实际上为新华院的日军和汉奸服务，而战俘病了则既无医又无药。病号房，日本人称为病栋，设在训练所后面的一组平房内，分为眼科班、痢疾班、发烧班、传染班等。日本人对患病战俘进行强制隔离，战俘一旦不能参加劳动训练，就被抬到这里，说是治病，实际是等死。

日军在新华院豢养了一大批汉奸走狗，直接管理战俘。从总队长至班长，多是从国民党被俘军官中挑选出来的，有些人成了丧失民族气节、替法西斯服务的帮凶。这些人中有的丧心病狂，认贼作父；有的极端仇视共产党，因此对共产党八路军被俘人员极其残暴，特别是一些兵痞出身的小队长和班长，没有知识文化，举动粗野，开口就骂，举手便打。日军依靠他们对战俘进行层层控制，严格管理。

日本人为了统治占领区民众，除了军队、警察、宪兵，还建立了密如蛛网的特务机构，济南就有所谓的“十大公馆”等特务机构，他们在日本军队、警察、宪兵的直接领导下，搜集中国的情报，破坏抗日组织。像鲁仁公馆、樱花公馆的日本特务，经常会到战俘集中营审讯中共地下组织及八路军被俘人员，对其进行刑讯逼供。发现共产党八路军的领导人员就会对其进行重点突破，以获取重要情报和组织线索。如发现动摇变节分子，即进行拉拢、利诱，或吸收他们充当汉奸、特务，或留在战俘营管理战俘，或送到伪政权任职，或拉进队伍组织伪军。有的还实施“红旗政策”，摆出一副与日本统治者相对立的革命架势，打入抗日组织进行破坏活动。例如，国民党军鲁西游击司令齐子修，被俘前在山东西南部流窜，到处欺压群众，故意制造借口对八路军处处为难，被称为“摩擦专家”，还制造了震惊山东的“一罈血”惨案。他被俘后关进了新华院，日本人让其到干部班担任总队长，替日方管理战俘劳工。后因同日本院长意见不一而被解职，又被日本特务机关樱花公馆（原铃木工作班）看中，从战俘营选了一批国民党战俘，拉出去为日军组织伪蒙古军骑兵队，单抗洪任司令，齐子修任队长，代号“义部队”，驻普利门外，并拉起了300多人的伪军。日本战败后审判战犯，齐子修曾出庭作证，揭发青井真光的罪行。但他在集中营时就曾接受樱花公馆的任务，对战俘进行管训和审讯。对共产党八路军战俘采取歧视和压制的态度。

日军还挑选年轻幼稚、思想单纯的战俘编入警务队、少年班，在生活上给予其照顾，并给予其“打死”犯人而无罪的特殊权利。他们手持木棍，日夜守候在大门前，或在训练队、电网、铁丝网、禁闭室的窗子外巡视。走道边每隔20米就站立一个。每个中队的铺头上都挂满了刑具，如军棍、皮鞭、手板、绳子，还有在木板上钉有铁钉的特制刑具，随时随地运用执行。

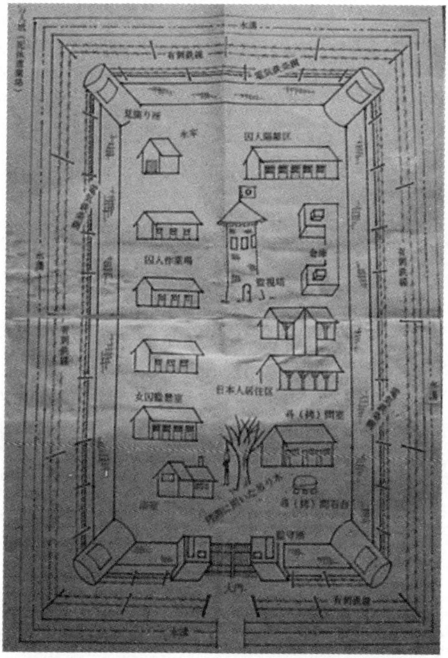

图 7　济南新华院平面图（山东幼师提供）

3. 奴隶般的生活

济南新华院比救国训练所的条件更加恶劣。建院初期，曾从石家庄战俘营调来一些日本管理人员，并把石家庄战俘营的一些管理办法带了过来。例如，战俘劳工被押进战俘营进行点名查数后，先要进行洗澡消毒。不管春夏秋冬，即使是隆冬腊月，战俘们也要脱得一丝不挂，跳进含有苯酚溶剂的冷水中洗刷一下。接着，日方管理人员把战俘劳工带进去的衣物全部收走，发给其原战俘营中战俘脱下的旧衣服，或从战俘尸体上扒下的带有污血溃浓的脏衣服。然后给战犯劳工抽血验血，说是为其检查身体，实际上是抽战俘的血供给日本伤兵用。凡被押来的人，只要身体健康，一般都要先抽200cc的血。有的战俘因战场折磨体质虚弱，加之抽血过多，竟当场昏迷不醒。

消毒抽血后，会对战俘进行预审，预审中经常使用殴打、水刑、火刑、吊刑等刑罚。殴打，即用竹刀、木刀、皮鞭等抽打身体；水刑，即往嘴里灌凉水、辣椒水；火刑，即用蜡烛、蚊香、烧红的火筷子、烙铁等烧烫气管和皮肉；吊刑，即用绳索捆绑手脚或手指，吊起来殴打。因为敌人的刑讯逼供，不少战俘在预审中就被夺去了生命。预审中被认定为重要战俘或反日分子的，送至济南军法会议复审判刑后，再押回来服苦役；被认定为普通战俘的，直接编入训练队，根据其表现和身体状况，分别安排在当地服劳役或外送充作劳工。

乔甦，原名乔倩文。1944年在山东泰安泰山中学教书时，因一起刑讯逼供的错案，他和32名老师无辜被抓，以“抗日”的罪名被押进济南新华院，受尽酷刑和疾病的折磨，险些丧命。后被他的老师和一个德国神父营救，才脱离了虎口。为了牢记这段苦难经历，他改名乔甦，取死而复生之意。乔甦和难友被押进新华院的时间，是1944年农历十月，天气寒冷，并且下过几场铺天盖地的大雪。洗澡消毒换衣后，他们被带进了战俘劳工住的牢房，便开始了囚徒生活。

图8　乔甦（原名乔倩文），济南博物馆副研究员（何天义研究室拍摄）

战俘劳工住的大库房，两边是土炕大通铺，中间是只能容两人行走的通道，几百人住在一个屋里非常拥挤，宿舍阴暗潮湿，满地污垢。对于一个在窗明几净的教室里教书育人的教师来说，进入这个环境，简直令他窒息。战俘劳工睡觉前先要报数，然后排队入室，听到口令“脱衣”后，要马上把所有衣服脱光，慢一点就要挨打。再一次听到口令“卧倒”后，就要按顺序卧下。人多躺不下时，只能一个靠一个地坐着睡。躺下后不准说活，不准抬头张望，否则就会被处罚。如果要上厕所，先要喊“报告”，请示批准后才能去。为防止战俘逃跑，晚上上厕所时规定不准穿衣服，即使是冬天，也只准披件上衣，不准穿裤子。一个战俘劳工患腹痛憋不住，大便流在地上，于是在遭到一顿拳打脚踢后，竟被罚赤着身子跪在两块立着的砖上，一直到天亮。

清晨，天还黑着，新华院就吹了起床号，接着响起各中队、小队的哨音和班长的呼喊斥责声。新华院要求战俘劳工必须在3分钟内起床，并在宿舍门口列好队。对于刚入战俘营、对战俘生活还不熟悉的乔甦等人，免不了要遭到班长、队长的训令。各中小队集合完毕，先带到操场，全体人员举行了点名升旗后，以小队为单位，在操场进行跑步训练。

出操跑步本来是一种身体锻炼，但对饥寒交迫的战俘劳工来说，却是一种难熬的折磨。每个小队呈四路纵队，围成一个圈子跑，小队长站在中间，口令一下，各小队就转圈跑，不下命令不能停止，谁掉队就打谁。由于天气寒冷，加上体力衰弱，经常有战俘劳工累得弓背驼腰、气喘吁吁、步履蹒跚、全身摇晃，有的甚至摔倒休克。一个被抓来的农民，因不会做“齐步走”和“左右转”的动作，便被拉出来单独操练，每错一式，带操的就拳打脚踢，直打得他口鼻流血，神志恍惚。

出操归来是开饭，乔甦和难友们被带回宿舍，在宿舍中间的过道上排成两队，在屋中间面对面站好。听到“蹲下”的口令，立即蹲在地下，或端端正正地坐在两排大通铺的边沿上。每小队一木桶饭，值班的班长负责盛饭，先领到饭的不准先吃，需要像上供一样安安稳稳地放在自己面前，稍微一动就要挨打。等全班全小队都盛上饭后，小队长宣布“开吃”，战俘劳工这才端起碗，狼吞虎咽，几口就把碗里的东西扒拉干净。

新华院战俘劳工的伙食给养，后期由伪劳工协会供应，每人每天的口粮标准是 14 小两（旧秤一斤 16 两），数量本来不多，再经管理人员层层克扣，吃到战俘嘴里的就很少了。每日三餐，早上每人一碗稀饭，中、晚餐只能吃上一平碗满是蛀虫的小米干饭，两人同喝一碗汤。有时连这种发霉长虫的小米也吃不上，只能吃到一个高粱面饭团子，甚至是一小块豆饼。

饭给得少，水也不够喝，特别是炎热的夏天，战俘劳工在阳光下炙烤，大汗淋淋，口干得冒烟，也不准随便喝水，只在午间休息时给一点水喝。有的人干渴难忍，趴在地上喝雨后洼地的积水，竟被日军唆使的军犬撕咬得血肉模糊。很多人为维持生存，偷着喝车间里的糨糊，或捉老鼠烧着吃。

战俘劳工穿的衣服，冬不御寒，夏不遮体。有的上衣纽扣全掉了，只得将棉衣左右掩起，腰间用稻草绳系住，以御寒冷。终年无衣更换，虱子、跳蚤成团。不少人没有鞋穿，常年赤脚干活，大冬天不得不赤脚站在雪地里，实在不行就撕破上衣的破棉絮或找些破布包一包，用绳子捆一捆，借以御寒，很多人在严冬中被冻坏双脚。手脚冻裂，鲜血直流，走路艰难，但也要支撑着参加训练和劳动，不然就会遭到毒打或关禁闭。

战俘劳工进入战俘营后，都要被编入各种劳役队，或开矿，或垦荒，或搬运，或做工，每天都要从事十几个小时的繁重劳动。日军经常押解战俘劳工去白马山劈山开石，修飞机场，挖沟埋汽油桶。战俘劳工稍有怠慢就遭毒打，有的被沉重的石块磨烂手脚，有的被折断筋骨，鲜血直流。劳役繁重，每个人的身体都消耗至极限，骨瘦如柴。

4. 惨绝人寰的杀戮

新华院筹备成立时，日军名为对罪行较轻的战俘进行收容感化劳动改造，但实际上对战俘进行着审讯、折磨、奴役、残害。原日本驻伪山东省顾问园田庆幸 1955 年 3 月 15 日在接受审问时，对新华院有段交代：

> 新华院是 1942 年 9 月设立的，在济南市郊官扎营，当初直属“仁”部队军司令部，1944 年 3 月“仁”部队转移河南省后，同年 6 月设立了“秀岭”部队军司令部，又直属该军司令部，都由参谋部主管。日军美其名曰“劳动改造的集中营”，对外进行欺瞒宣传，可是实际上是对爱国抗日的中国人民的“镇压虐杀机关”。它附属济南军法会议，各地日军部队、宪兵队送来的“俘虏”“犯人”，先收容监禁在该院，进行区别整理及预审审问。之后，根据军司令部的命令，送至军法会议。但在此预审的过程中，会对俘虏加以殴打、水刑、火刑、吊打等过于残酷的拷问，很多人的生命就此被夺取。在军法会议审问时，会扣留在军法会议拘留所审问，军法会议判决后，判处死刑的就直接带至琵琶山死刑场执行死刑。判处有期和无期徒刑者，则重新送回新华院，监禁在充满虐待和虐杀恐怖的监狱中做苦役，在此苦役中被虐杀的也不少。在这样残酷无德的苦役中呻

吟着的爱国抗日的中国人民（包括八路军政人员及一切抗日的人民）达几千名。当然，在此监禁的人员是经常变动的，但一般来说，通常有2 000人左右，他们在日帝军虐待者的酷使和监视下，还拼命地继续进行着抗日斗争。

原日军第五十九师团陆军伍长五十岚基久曾证实说：

在俘虏收容所中，有苇席盖的土房，被作为“俘虏”们的中国人就睡在那里。既无寝具又无暖气，还没有医生。有称作“中国人医生”的人，但即使生病也几乎不给予任何治疗。在济南市被关押在这里的人，病情极度恶化者，也有令其回家的时候，但几乎都不知家属在何处了。如果患了传染病，便被隔离在如同仓库一样称为病舍的屋子里面。死了便扔入坑内。中国人要走出收容所几乎是不可能的。于是济南市发生了什么事，他们都不知道。他们的作业也是被强迫从事军事设施中的土木工程。

新华院规定了五项守则等戒律，如劳动时不准东张而望，违者就受棒打、罚跪等惩罚。对所谓“表现不好或有违规行为”的俘虏施以酷刑，有的让剥光衣服爬烟囱，有的让头顶石头绕场转，有的还被日本兵抓住生殖器绕场示众。对于严重违犯五项守则者，关禁闭，关水牢，放狗咬。所谓禁闭，即把有“不轨”行为者送进禁闭室，不给饮食，大小便全在里面，不几天就会活活饿死，要想逃跑比登天还难。禁闭室有一根“特别木桩”，经常有战俘劳工被敌人捆在木桩上，被日军士兵当活靶进行刺杀训练。所谓水牢，是一个地下室，里面有齐胸深的臭水，战俘被浸泡在里面，不给饮食，不能坐卧，只能在水中日夜站立，等支撑不住时，一头倒在深水里就被淹死。

外出劳动时，战俘劳工要列队前往，一般四人一排，互相牵着手走路，如果四人中少了一个，其余三人就会大祸临头，轻则遭毒打，重则丧命。一个战俘劳工在外出干活时，因在地上拣了个尚未熄灭的烟头吸了几口，被监视的日军发现后，先放军犬扑咬他，用枪托、皮带没头没脸地对其进行毒打，后来又用铁丝将其吊在树上，用刺刀活活挑死。

1944 年夏天，一些被俘人员计划越狱，不幸被敌人发觉，为首的三人被日军剥光衣服，捆在旗杆上，先用刺刀刺、开水烫，后被狼狗咬得肉骨分离。又有一次，20 多个战俘在外出劳动时集体逃跑被抓了回来。日军将他们押到用活动鹿砦围起的操场一角，新华院第二任院长渡边正雄让战俘们脱去衣服，赤裸地站在铁丝网内，并叫来 6 个日本新兵，让新兵把战俘当成刺杀的靶子。

渡边向他的新兵吼道：“你们是天皇陛下的忠诚士兵，为了大东亚的圣战，你们应当锻炼和磨砺自己的意志与胆量，日后好奔赴前线，为天皇效忠!”然后向被扒光衣服的战俘一指：“杀!”

新兵们狂吼着猛然跃起，向战俘们冲去。还没等战俘们明白过来，已有6人被刺倒在地。因为是没有经过实战的新兵，所以好几个人没有刺中要害。有的战俘被刺在下肋，有的被刺在腹部，痛得在地上打滚、惨叫，鲜血喷溅，四处流淌。其他战俘明白敌人要下毒手，本能地奔逃躲避，可铁丝网内就那么一小块空间，无地可藏；有的愤怒地反抗，可赤手空拳、赤身裸体，怎挡得住敌人带血的刺刀。只几分钟的工夫，战俘们都倒在血泊中，有的已经死去，有的还在呻吟、挣扎、搐动。渡边不愿留下活口，又让气喘吁吁、脸色煞白、微微颤抖的新兵，再给未死的战俘过了一遍刀。直到他们完全死去，渡边才满意地点点头。这就是日军的俘虏政策，对俘虏不用审讯，不用判刑，一个新华院的院长，就可以随意屠杀整批的战俘。

女人是美与爱的化身。但女战俘一进入战俘营，美与爱，便与她们无缘，剩下的只有丑与恨。入院后她们和男战俘一样，被迫脱下自己喜爱的衣服，换上破烂、肮脏、血迹斑斑的“囚服”，有的露着肩，有的露着腿，蓬头垢面，黄瘦干枯。为了免遭日军的欺辱，有的还故意把自己打扮得又老又丑，尽管如此，一些女战俘还是没能逃脱敌人的蹂躏。她们和男战俘一样被囚禁、被奴役、被辱骂、被殴打，同时又要经受比男战俘更多的苦难和耻辱。

一次，两个女战俘随其他男战俘逃跑被抓了回来，日军把被抓回的男战俘当成靶子，让日本新兵练刺杀刺死了，两名女战俘却被留了下来。人们还以为日军怜悯女战俘，不忍杀害，没想到日军却对女战俘采取了下流无耻的屠杀手段。

这天，新华院院长渡边带着两名持枪的日本兵，牵着两条凶恶的雄性狼狗，把两名逃跑抓回的女战俘押到用铁丝网围起的临时杀人场。

渡边逼着女战俘脱衣，女战俘不知道日军要干什么？两人对视一下，谁也不脱。

渡边又是一阵吼叫逼迫，并从两名日军士兵手中接过拴着狗的皮绳，给日本兵使了个眼色。两个日本兵端起上着刺刀的长枪，将刺刀对准两名女战俘的胸口。女战俘才哆哆嗦嗦地脱下衣服。

日本兵淫笑着，狼狗狂吠着。两名女战俘吓得面色如土、魂不附体，紧紧依偎在里面的边角上，背对日本兵。日本兵从渡边手中牵过狼狗，走近女战俘，一边做着各种淫邪的动作，一边向他们的狼狗打手势。经过训练的狼狗，似乎明白了主人的淫意。两条狼狗闪电般地扑到两个赤身裸体的女战俘身上……

可怜的女战俘，竟被狼狗奸污了。

当邪恶的兽性从这些四条腿和两条腿的狗身上退潮之后，鬼子兵又用刺刀将惨遭玷污的女战俘剖腹残杀。新华院的日军就是这样，把侮辱残害中国人民的兽性推向了顶峰，开创了人类教唆兽类污辱人类的先河。

四、细菌试验与活体解剖

1. 新华院特别病栋

新华院杀人并非都是刀枪，还有一个杀人的途径就是抽血。除了对初入战俘营的战俘要抽血外，还定期从编入抽血队的战俘身上抽血，以供日军作战负伤人员输血需求。一些战俘的身体因为过度被抽取血液而由强变弱，由弱致死。而多数战俘则是送往病号房，任其自生自灭。

新华院东北角有一排平房，是集中营的病号房、停尸房，也是病人隔离区。不管大病小病，只要送进这里就算被判处了死刑，极少有能活着出去的。

八路军干部甘文瑞，是 1943 年底在日军“扫荡”垦利时被俘。他先被押送到张店集中营，又押至济南新华院。由于生活条件太差，春节后患水肿病被送到病号房，日本人不给治疗，还给他输入带病菌的药来做试验。伤病员开饭只能喝满是虫子的小米稀饭，一屋子病人分一个酱油桶的稀饭，有时一人一碗，有时一人半碗。轻病号自己料理自己，重病号则无人理会。天已暖和了，但他还穿着棉衣，几次找管理人员，才给找了两件破单衣。由于他积极锻炼，坚持活动，才没有死在里面。

人死后，先从病号房拖到停尸房，随死随拖，把死尸摞成一堆，奄奄一息的人也被堆压在一起，然后撒上薄薄一层石灰，摞到一定数量，由拉尸车拉出去。日伪管理人员与汉奸经常谩骂、恫吓战俘说："妈的，不老实送你进病栋。"

这种恶劣环境，即便是健康人送进去，不用多久也将被折磨至死，何况是病人。所以每天都有人死亡，少则十几人，多则几十人。死亡率最高的时期是酷暑和严冬，酷暑传染病多，严冬多冻饿而亡。

山东潍坊的朱文斌，1940 年参加抗日游击队，1943 年 10 月被日军抓进新华院。因为他身体好，队长经常派他去拉尸。病号房和停尸房内阴森可怕，里面的老鼠像小猫一样大，而且不怕人，你去抬尸它躲开，你走了它又跑出来。这些老鼠瞪着红红的眼睛，经常啃去病死者的耳朵、鼻子、屁股、脚跟等软组织部分。有的战俘奄奄一息，动转不灵，竟被老鼠咬伤咬死。炕上、地下血迹斑斑，人死后的尸体往往残缺不全。朱文斌在新华院待了 100 多天，估计拉出去的尸体过千。

在病号房与停尸房连接的地方，还有一个特别病房，专门关押传染病人。这是一间空荡荡的大屋子，里面有一个大木板通铺，患重病和传染病的战俘就被扔在上面。木板铺上满了，就往地上扔。进入特别病房的战俘不给饭吃，不给水喝，大小便都在里面。

卫生班穿白大褂的医务人员也进进出出，他们将一支支看似极其珍贵的注射剂，注入病人肌体，然后一次次地观察记录。病人接受“治疗”后，病情非但未好，反而加重。有的全身出现斑疹，有的突发恶寒、高烧，有的皮肤上爆起豆粒大的水泡，有的口鼻流血……很快，轻病号变成重病号，重病号被抬进了停尸房。

长山县桓四区的中队长焦凤鸣和指导员韩玉哲，于 1943 年 11 月在日军冬季扫荡时，和本中队的 20 多个战友一块儿被俘。因为是八路军干部，他俩被日军百般折磨，很快就病魔缠身。卫生班把他俩抬到特别病栋隔离起来，门从外边反锁上。

一天，门开了，进来两个穿白大褂的医务人员，说是给他们打针治疗。这两个人一脸和善，没有一点日军平时的恶狠凶光。他俩将信将疑，任白大褂注射离去。

他们还以为日本人是真的良心发现，但不大一会儿，焦凤鸣开始喘起粗气，身上出现鸡皮疙瘩；韩玉哲也呼吸困难，说不出话来。他们终于明白了，这些“温文尔雅”的白大褂，同挥刀举枪的日本兵一样，都是屠杀中国人民的刽子手，而且更阴险、更凶残……

然而为时已经晚了，他们已经无法把真相告诉难友了。终于，他们的心脏停止了跳动。

一般来说，人自然死亡是不会随意出血的，但特别病房的床铺上、地板上，到处都是黑血。于是，人们怀疑这里面有问题，后来便传说是因为卫生班给战俘注射了传染病菌，才使他们患上了传染病；也有的说法称，他们患病后，卫生班不注射治病的药，却注射日军细菌部队试验的疫苗，观察疫苗的效力。

1946 年审判日本战犯时，济南当地民众和检查审判机关在新华院东北角南屋（当年的特别病房），发现大土坑上和地面上到处都是血迹，尽管时过一年，屋内依然腥臭气味刺鼻。深入调查后人们才知道，新华院特别病房只是日军细菌部队进行细菌试验的一个试验室和观察室。真正的、大批的用战俘进行细菌试验和活体解剖的，主要还是驻济南的日军细菌部队和陆军医院。战后审判日本战犯时，这支部队的一些杀人“魔鬼”，进行了非常具体的交代。

2. 用战俘进行细菌试验

第二次世界大战期间，日军先后建立了 5 支细菌部队，东北是 731 部队，华北是 1855 部队，华中是 1644 部队，华南是 8604 部队，东南亚是 9420 部队。此外，在中国东北还有一支关东军兽类防疫部队，代号为第 100 部队。这些部队下面又有很多分支，它们是一支支打着“防疫给水”旗号的细菌作战部队。这些部队都使用中国和亚洲其他被俘被捕的抗日军民进行细菌试验和活体解剖。他们研究和生产了大批细菌武器，又拿到战场上和居民区投放使用，对中国军民进行第二次伤害，杀害了数以百万计的亚洲军民。

驻济南的细菌部队归华北的细菌部队即 1855 部队领导，是日军华北方面军防疫给水部的派遣支部，称“济南日军防疫给水部”，当地称“陆军防疫处”，代号 1875 部队。因其队长为柳田，故又称“柳田部队”。济南防疫给水部先设在济南市经六路纬六路，1942 年迁至经六路纬九路。

图 9　日军华北细菌部队 1855 部队济南支队，多次用济南战俘营战俘做细菌试验，图为济南细菌部队旧址（何天义研究室征集图片）

这支部队于 1938 年组建后，主要任务就是研究和培植伤寒、霍乱、赤痢病菌和副伤寒血清、百日咳血清，为其灭绝人性的细菌战服务。他们试验培植细菌的血液，是从战俘营战俘劳工身上抽的；他们培养出来的细菌，又在战俘身上检验效力。对爱国志士和社会上有影响的战俘，日军经常假借为其治病，将带有伤寒、霍乱、赤痢、副伤寒、百日咳等菌种的细菌、病毒，注入其肌体，对其加以杀害。为了检验病菌的效力，还对带菌者进行活体解剖。

这支部队有个军医叫竹内丰，化名刘宝森，日本东京茌原区人，东京医学专门学校毕业。1936 年 12 月日本侵略中国时，曾在中国东北的汤阳县、虎林县、海拉尔和山东济南担任军医。日本投降后，残留山西，在国民党阎锡山部继续任军医。1950 年 12 月在太原被逮捕，作为战犯被押往太原战犯管理所进行改造教育。侵华战争使他由一个白衣天使变成了杀人魔鬼，中国的俘虏政策又使他由鬼变成了人。在他的认识得到转变后，他用口供和笔供交代了自己在济南用战俘进行细菌试验的全部经过，也揭露了日本细菌部队残害中国战俘的罪行。竹内丰在 1955 年的笔述材料中是这样写的：

1943 年 8 月，我作为军医中尉，在华北方面军华北防疫给水部济南支部，从事细菌制造业务。

一天，济南防疫给水部支部长冈田军医大尉从济南宪兵队要来 11 名八路军俘虏，说是要用他们试验细菌的效力。

他们为了祖国解放的正义事业，不屈不挠地进行战斗，不幸为我等侵略者所俘虏。他们戴着手铐和脚镣，在刺刀和手枪的严密监视下，乘坐卡车来到了济南防疫给水部支部。

消瘦苍白的面孔，突出的颧骨，蓬乱的头发和胡须，还有那又脏又破的衣服，所有这一切都说明他们是如何同残酷的拷问和饥饿进行顽强斗争的。

然而他们的目光是镇定而不可侵犯的，只有对明天的胜利拥有坚强信心的人才能具备如此的威严。

而当时已彻底丧失人性的我，认为“这是为济南事件中殉难的日本人复仇”，便将这些英雄当作了豚鼠的代用品。

这11个人被拘留在房子入口处的土地上，地上只铺一条草席和一条军用毛毯。我们给他们注射了自己培养的伤寒菌，或将细菌投在食物里让他们吃下。

不久，症状便出现了，持续的高烧、呻吟、苦闷，甚至说胡话。我看到他们痛苦的样子，心中暗自庆幸：“这个菌种的感染力相当强，用于细菌战是毫无问题的！”

俘虏们的高烧和疲劳已达到顶点，为了使身体稍微舒服一点，他们企图转动一下，但是脚上带着沉重的脚镣，不能自由活动，无法翻身。他们用充血的燃烧着怒火的眼睛瞪着去观察病情的我们。俘虏们的病情一天天加重，被折磨得极度衰弱，憔悴的样子实在目不忍睹，让人感到原来所谓临终的痛苦就是这样的。由于大量摄入剧烈的活细菌，他们的病情一直恶化下去，全身瘦得只剩下骨和皮，陷入危重状态。两颊的肉像被刀削一样塌陷下去，只有颧骨高高突起，十分显眼。他们已经不能自己翻身了，呼吸微弱，只有鼻翼还在翕动。

这样，我得以确认我所培养的伤寒菌种具有极强的感染力。因此，我企图通过解剖进一步检查由于细菌感染而受到损害的内脏各器官的变化。首先，卫生官们将一个人抬进了解剖室。

濒临死亡的俘虏发现解剖台旁已经准备好的解剖所必需的大小手术刀以及其他各种器械，他立即在极端的痛苦之中发出悲痛的哀鸣："军医啊！军医啊！"由于高烧而干裂苍白的嘴唇似乎还想说话，但再也没有气力了，只是由于过度的悲痛，引起身体阵阵轻微的抽搐。

这时，我让一个懂中国话的卫生下士官大声地向他喊道："是要给你治病！"说着，便将其手脚牢牢地绑在解剖台上，使其一动也不能动。

接着，我又指示负责麻醉的下士官，把麻醉罩放在俘虏的口和鼻子上，滴上纯酒精、乙醚和氯仿的混合麻醉剂，让其逐渐陷入麻醉状态。估计差不多了，我便拿起手术刀，尽量用力，从胸窝直到耻骨，将俘虏深深陷下、烧得滚烫的腹部垂直切开，打开了腹腔。鲜血立即沿着刀口的两侧涌出来，俘虏的上半身和解剖台眼看着就被鲜血染红了。由于不采取任何止血措施，血一直不停地流出来。木村军医将一个很大的钩形器械插入刀口，从侧面将腹壁拉开，我就从扩开的腹腔里，将内脏拿出，放在一个搪瓷面盆里，然后，同木村军医一同开始检查病变。细菌的侵蚀力完全像我们预期中那样明显。由于获得了今后可用于大批杀人的材料，我们不禁心中暗喜，互相议论着："这样一来，可能在细菌战中发挥作用了！"暴行仍在继续进行，我把被细菌侵蚀变化明显的部分肠管切断，又将脾脏摘出，装入标本瓶，以便制作切片标本，充作报告材料。

接着，我又无情地把一支大型穿刺针插入他的胆囊。

当我们的一切目的都达到以后，便向他的肘部静脉注射了两毫升吗啡液，他的心脏终于停止了跳动。

就是这样，我和木村军医一个接一个地，把11名俘虏都作为效力试验的培养基而杀害了，将获得的大量细菌交给华北方面军，或附上标本，报告此次暴行的成果，为发动细菌战提供了资料。

如上所述，人为地使献身于人类最美好事业的人们感染传染病，最后切制成标本，培养细菌。我就是这样一个魔鬼。

在济南细菌部队，除竹内丰外，还有不少人做了交代和揭发。1989年8月2日的《参考消息》登载了韩国《中央日报》的一篇报道，曾在济南细菌部队当过翻译的韩国人崔享振揭露说，他在该部服役期间，曾看到日军军医给俘虏注射了鼠疫菌。其中有10个人经过一场严寒和高烧的痛苦后死亡。他第一次看到的人体试验，是对4名俘虏注射天花病菌，然后进行临床观察。他还说这支部队每3个月进行一次人体实验，每一次要死100多名俘虏，一年要杀400—500名俘虏，他在该部服役期间死亡的俘虏就有1 000人。他说："现在，我感到掩盖日本军国主义的罪行对不起历史，所以，虽然晚了，也要揭露这一真相。"

图10　原日军细菌部队用战俘做细菌试验的解剖室（何天义研究室征集图片）

3. 陆军医院的活体解剖

与济南防疫给水部一墙之隔的济南陆军医院也多次从战俘营中要来战俘劳工供医生进行活体解剖训练。据战犯长田友吉交代，1942 年4 月和9 月，他曾两次参加该院的活体解剖，每次都从济南俘虏收容所要来两名战俘进行活体残杀，并将其内脏器官做成标本，将尸体埋在医院的猪圈旁。

长田友吉对9 月份的活体解剖课是这样记述的：

1942 年9 月中旬的一天，上午9 时，山东省济南陆军医院教育队队长军医大尉铃木，命令卫生新兵教育队在医院的庭院中集合，受教育的新兵约有350 人，当时我是卫生一等兵。济南陆军医院院长军医中佐高木千年命令日本军从济南俘虏收容所带来两名中国男子，年龄约30岁。他们由于长期被监禁，身体瘦弱不堪。教育助手饭冈卫生军曹命令10余名卫生新兵，立即将两名中国人的衣服全部脱光，分别用麻绳绑在距离约30米处的两个解剖台上。这十几名新兵手持上了刺刀的枪，包围了解剖台。

两名中国人知道自己即将被杀害，不断地呼喊“快点！快点！”于是，教育主任铃木军医大尉立即命令饭冈卫生军曹用东西堵上了两名中国人的嘴。

当350名新兵围站在绑在解剖台上的一名中国人身边时，铃木军医大尉说：“现在开始进行解剖实验，大家要好好回顾课堂上讲过的人体构造，认真观察。这两名俘虏，是用来做学术试验的，你们要怀着送葬的心情，先从切除阑尾开始；一般要进行麻醉，但今天要把他们杀掉，所以不注射麻药。”

说着，他拿起了锋利的手术刀，“扑哧”一声从中国人的右下腹切下去。铃木军医大尉在井绩军医少尉、饭冈卫生军曹的帮助下，用了20分钟寻找阑尾，而且没有进行麻醉。中国人由于极度的痛苦，发出深深的呻吟声，拼命挣扎，麻绳几乎被挣断，黏汗顺着头、颈、胸流下来。铃木军医大尉让饭冈卫生军曹按住中国人的身体切除了阑尾，他用手提着送到我们面前，进行讲解。

这时，中国人更加痛苦难忍，铃木军医大尉说：

“好了，你太痛苦了，杀了你吧！”说着用一个尖刃刀向中国人的颈部刺去，把他杀害了。然后，铃木军医大尉、井绩军医少尉、饭冈卫生军曹切除了肝、脾、肾等腹部脏器，并将这些脏器逐一切开向我们进行讲解。当将肠子取出时，铃木军医大尉让两名新兵手持肠子的两端，他说：“肠子的全长大约9米，因为这个俘虏是用来做解剖的，没有给他吃东西，所以肠子是空的。”

通过活体解剖残酷地杀害了一个中国人后，铃木军医大尉、井绩军医少尉、饭冈卫生军曹和我们350名新兵，又围到绑着另一名中国人的解剖台周围。这次是由井绩军医少尉切开了中国人的颈部，插上气管切开器。中国人由于疼痛开始挣扎，井绩军医少尉用尖刃刀刺入中国人的颈部，将其杀害。接着，井绩军医少尉在饭冈卫生军曹的帮助下，用骨钳将肋骨“咔吧、咔吧”地一根根切断，从胸膛取出肺、心脏和气管，又将这些内脏器官逐一切开，对我们讲解。

最后，由井绩军医少尉和饭冈卫生军曹将第一个被惨杀的中国人的肝、脾、胰、肾脏等腹部脏器装入盛有福尔马林液的容器里作为标本。又在两名中国人尸体的胸膛和腹腔里塞上烂棉花，然后草草缝合，装进两个麻袋里，由数名新兵埋在医院内的猪圈旁。

这就是日军用战俘进行的活体解剖，手段之残忍，可以说是登峰造极。而这一做法并不是个别现象，而是普遍做法。几乎所有的日军医院都多次进行过活体解剖训练和细菌生化试验。

图 11　原济南日军陆军医院遗址，日军曾多次在这里用战俘做解剖试验（何天义研究室征集图片）

根据竹内丰交代，他在侵华期间，培养训练从事细菌战卫生人员共约 890 名，并于 1943 年 8 月，在济南细菌部队使用 11 名俘虏制造了约 999 公斤用作细菌战的霍乱生菌及鼠疫生菌。那么这些细菌到哪里去了呢？山东细菌战研究专家崔维志的专著《鲁西细菌战大揭秘》告诉了我们答案。

就在竹内丰用 11 名战俘做试验培养霍乱生菌及鼠疫生菌的当月，日军发动的鲁西作战打响。日军将这次作战代号为“霍乱作战”。崔维志在接受采访时说，日军这次细菌战，采用的方法有三种：第一种是陆地投放，使用特务或汉奸、红枪会人员投放到井中；第二种是飞机撒放，撒放在陆地；第三种最阴毒，在撒放后决了卫河水，由于霍乱菌不怕水，撒到卫河后，决堤的卫河水把病菌带到各地。

当时，正值汛期，鲁西冀南普降大雨，卫河、漳河、滹沱河的水位迅速上涨。日军第 59 师团长细川忠康命令扒开卫河大堤。霎时，汹涌的河水如脱缰的野马咆哮着冲向河西的低洼地带，随水而来的霍乱菌如幽灵般地潜入千家万户。

此次“霍乱作战”是日军在中国实施的规模最大的细菌战，造成山东、河北、河南数十县洪水泛滥，霍乱流行。从 8 月下旬到 10 月下旬，共有 22 万中国军民被夺去生命。

五、秘密支部与地下斗争

有压迫就有反抗。战俘营不甘屈服的战俘劳工，除寻机逃跑外，曾多次进行反抗斗争。主要活动就是抵制日本的奴化教育，外出做工干活时，怠工、破坏、磨洋工。但这样做一旦被敌人发现，就会遭到刑罚和杀害。济南万盛街有位铁路工人，被扣上抗日的帽子抓进新华院后，受尽了酷刑和凌辱。他和其他难友密谋在外出干活时逃跑，被日军发觉后，即用铁丝穿透其双手，吊在树上毒打，又被日军剥光衣服，押到无影山下，逼他们自己挖好坑，日军刺死他们后再推到坑里埋掉。1944 年，有两个战俘劳工难以忍受虐待，想逃跑求生，结果被烧死在电网上。有的逃跑未成，被日军抓进院部让狼狗咬死。但反抗逃跑的事还是经常发生，反抗斗争最活跃的是被俘的共产党员和共产党领导的地下组织。

1．流产的暴动

清河军区的共产党员夏方明，于 1943 年 11 月在沾化反“扫荡”作战中被俘。被押进新华院后，他首先感受的是“食不果腹、衣不蔽体”的困苦与艰难。

刚进战俘营，他们吃的是小米饭，小米是从东北运来的发霉变质的仓底货，里面的虫子有半指长，这样的米没什么营养，吃了还不断地跑肚拉稀。后来又吃了一段面粉公司筛选下来的麦粒，里面的次石有一半，吃的时候无法对牙。就这样的饭还不让吃饱，早上每人半碗稀饭，中午、晚上每人一碗米饭。一个班 50 人分一桶菜汤，里面有点萝卜片或菠菜叶，都被班组长捞起来吃了。由于长期吃不到菜，不少人瘦得皮包骨头，走起路来摇摇晃晃，脚都抬不起来。

再说穿的。一些战俘劳工被抓进去时，衣服和鞋帽稍微新点、好点，就被日伪管理人员脱去穿走，夏方明的衣服虽不太好，也被人扒去换掉。进去没几天，日本人就把他们赶进一个大院子里让他们洗澡消毒。先把衣服脱光上交，然后跳到水桶里涮一下，再穿上院里发的衣服。他们以为要发新衣服，没想到都是以前战俘穿过的旧衣服，有的是从战俘尸体上扒下的血衣，用水煮一煮，在太阳下晒一晒，就算是消毒了。这些破烂衣服，东一块，西一块，没有一块完整的布或套子，活像一件破蓑衣。不给鞋也不给袜子，严寒的冬天，战俘们赤脚走在雪地上，冷风刺骨，冰雪冻脚。冷得实在不行，他们就找一些破包皮布，把脚包住用绳子捆一捆，战俘还不如叫花子。为防止战俘晚上逃跑，新华院规定战俘晚上睡觉不能穿衣服，上厕所先要请示，经批准后才允许穿衣出去。违犯规则，就要挨打受罚。

一天晚上，夏方明外出解手，不知什么原因，就被警备队用棒子打了一顿，腿肿得很粗，疼得连路都不能走。同夏方明一块儿抓去的 200 人，两个月后仅剩下 160 人了。看到这无穷无尽的磨难和等待死神吞噬的命运，他想发动难友进行暴动，冲出牢笼。

原国民党军队的第十五旅投降日军后，该旅的特务营下的军人们不服，被送进战俘营。这些人看到战俘营的情况，感到生命无望，很多人想越狱逃生。夏方明就千方百计接触他们，串联了张德才等20多人，还提出一个口号："快过年了，父母想啦，争取回家过春节呀!"开始特务营有些人有顾虑，担心出去后进不了八路军的根据地。夏方明就向他们解释说："八路军的政策是很明确的，不但不会阻止你们，反而会欢迎你们，愿意回家的还给发路费。"

经过一段时间的酝酿，夏方明等人觉得时机成熟了，便在暗中商定了暴动计划和行动暗号。八路军战俘攻打日军宿舍，特务营战俘攻打南大门日军警卫，等晚上战俘营战俘集合点名、降旗时，喊一声"万岁"，同时行动。

第二天下午5点，离暴动还有几个小时，敌人突然宣布全院战俘集合，队伍前架起了机枪，周围都是持枪的日本兵，黑洞洞的枪口对着战俘，操场气氛格外紧张。

新华院日本军官进行训话，翻译接着传达，点名叫出7个战俘排成一队，说道："他们想与皇军对抗，准备暴动，这是绝对不能轻饶的。统统的死了死了的!"

一声口令后，走出7个端着长枪的日本兵，一个日本兵对着一个战俘。又是一声口令，还没等战俘弄清是怎么回事，就被日本兵刺倒在地，鲜血染红了衣衫，在地上流了一片。

形势突变，夏方明的心一阵紧缩，觉得这下完了。但日军并没有抓他，只是抓了特务营几个策划暴动的骨干，拉出队伍用刺刀挑了。

过了几天又抓去几个人，绑在电杆上叫狼狗活活咬死了。后来人们才知道，这次失败是效忠日军的特务营长告的密，不过他不知道有八路军俘虏同特务营联系，所以夏方明才逃过这一劫。

这件事后，夏方明想着，单靠几个人的力量太单薄，必须把大家组织起来，于是他又开始串联被俘的共产党员和可靠的八路军战俘。

甘文瑞也是试图组织暴动越狱的八路军战俘。1943 年底，他在日军“扫荡”垦利时被俘，先被押进张店集中营，后转到济南新华院。看到新华院内地狱般的生活，他就琢磨着如何逃出去。并同一个姓马的副连长串通战俘们，准备推倒新华院西北角的围墙逃出去。就在他们还在酝酿准备阶段，夏方明等人组织的暴动被日军镇压了。不久，他患了水肿病，被送进病号房，在里面待了一个多月，暴动的事情也就搁置了。

在济南新华院策划暴动逃跑的事情，曾发生多次，但没有一次成功。有的还没行动，就被镇压；有的刚逃出去，又被抓了回来。而日军管理的办法，都是杀一儆百、杀鸡给猴看。但杀尽管杀，逃照旧逃。1944 年，新华院开始大批向日本输送战俘劳工后，逃跑的事件更多了。

1944 年 6 月，日军任命青井真光担任新华院长。这个来自日本冈山的日军中尉，比起前两任有过之无不及，在其任职的一年零两个月时间里，曾多次残害和镇压战俘劳工的反抗斗争。

1945 年 2 月，新华院从训练队选定了 600 名战俘劳工去日本富山县开山凿石，其中有两人密谋潜逃，被日军发觉。青井真光当即令日本兵将两人捆绑在操场高台的旗杆上，周围又布置了荷枪实弹的日本兵。然后召集全战俘营的俘虏到操场上开会。先由日本队长宣布了两名战俘逃跑的罪行。然后，随着队长一声口令，只见两个凶狠的日本兵端着上了刺刀的步枪，走了上去，以这两个战俘为靶子，“呀”的一声猛力刺去。只听一声惨叫，顿时血溅遍地，战俘活活地被刺死了。新华院院长青井真光还站在高台上，向全体战俘训话：“今后哪个不服从分配，就同他俩一样！”随后，又命令全院战俘绕尸体一周，以起震慑作用。

2. 织布厂的张师傅

1944 年春天，随着盟军开始全面反攻，日本在太平洋战场节节失利，不仅人力资源极缺，战略物资也很匮乏。为了“以战养战”，日本不仅把大批战俘送往本土充作劳工，还要求各战俘营利用战俘的人力资源，创办工厂生产军需产品。新华院也由日本南昌洋行株式会社投资开办了一个新工场——纺织厂。

新工场设有织布、浆线、漂白、印花、织袜等车间，强迫经过“训练”的战俘到新工场做工，用战俘的无偿劳动为侵华日军生产手套、袜子、裹尸布等军需物品。

新工场设在马路南侧，与新华院一路之隔。进入新工场做工的战俘，每天由持枪的日本兵从新华院押解进新工场干活，晚上再武装押回新华院。日军从社会上招聘雇用了几十名技术工人，负责维护、修理机器设备和指导战俘劳工进行生产活动。新工场由日本人田代负责总管，每个班有近百名战俘，全工场使用约五六百名战俘劳工。1943 年被俘入营的 200 多名清西地区的八路军战俘，除被残害致死外，幸存者大部分都进了新工场。夏方明、甘文瑞都报名进了新工场，遗憾的是两人并没有发生联系。

新工场干活比外出修筑工事的活轻，活动余地大，相对较自由，战俘劳工间增加了接触机会。这给夏方明、甘文瑞创造了活动的条件，他俩都在各自的工作车间内和战俘劳工们进行串联。1944 年 4 月前后，夏方明和陈万舜、张勋朋等被俘党员经过研究，成立了一个秘密党支部。并根据当时的形势，研究确定了支部的工作任务：第一，抵制日军奴化教育；第二，宣传党的方针政策；第三，宣传抗日民族统一战线。他们接受过去的教训，注意了斗争策略，把一批共产党员和积极分子团结在支部周围，同敌人进行长期的斗争。

不久，新工场的织布房来了个指导工，名字叫张新山，工人叫他张师傅。他一方面指导战俘劳工学习织布技术，另一方面负责维护修理车间的机器。此人同新工场的翻译李子贤处得不错，日本人和汉奸对他也很重视，有的战俘怀疑他可能是汉奸。于是夏方明就主动同张新山接触，观察了解张新山的言行举动，问他老家在哪里，家乡的八路军怎么样。张新山不知夏方明的真实身份，也不敢亮明自己的观点，就说：“八路不好，回家还要站岗放哨。”。

夏方明听张新山的口音是长山人，对其就格外留心，便想考察一下张新山。

一天，夏方明上早班，见屋子里没有人，就用粉笔在一块木板上写了四个大字——反对饥饿。

张新山走进来，看到木板上的字，表情严肃地问夏方明：“这是谁写的?”

夏方明心里一紧。

“是不是你写的?”张新山走近夏方明严肃问道。

夏方明后悔自己有点莽撞，等待着张新山的处置。

张新山没有再追问，走到木板前把字擦掉了。然后，意味深长地看了看夏方明。夏方明也对张新山有了新的看法：这个张师傅表面上很严厉，但心眼并不坏。

让夏方明没有想到的是，这位张师傅不是什么汉奸，而是上级党组织派来营救战俘的地下党员。

张新山真名张建忠，山东邹平人，因家境贫寒，14 岁到周村福昌织布厂当学徒，19 岁又到济南广城织布厂做工。

七七事变后，日军占领济南，织布厂停工待料，他回到家乡邹平，参加了八路军游击队，后来又加入了中国共产党，成为一名地下工作者。1943 年 11 月，中共清西地委城市工作委员会委员韩本聪（又名李万顺）要求张新山为城工委安排一个落脚点，并建立交通站。于是张新山再次进入济南，找到从前的盟兄弟李忠泉。李忠泉是织布工人，家住济南北坦。听明张新山的来意，为人正义的李忠泉欣然答应把自己的家作为地下工作的秘密联络点。从 1944 年 2 月起，张新山和李万忠常以商人身份来往于李忠泉之家，在济南开展城市地下工作。

1943 年冬天，日军在山东清西地区“扫荡”时，俘虏了清西八路军数百名军政人员，都关进了新华院。为了弄清这些人被俘后的情况，并进行营救，清西地委城市工作委员会委员李万顺要求张新山想法打入新华院。

说来也巧，一天，张新山到中记铁工厂修理机器时，这个工厂的张经理说：“新华院新建了一个织布厂，需要熟练技术的老工人，工头陈明远托我找个保全工，给新华院修理机器，不知你愿不愿意干?”

张新山听后喜出望外，随即答应下来，并向李万顺做了汇报。第二天，便在张经理的引荐下，到新华院织布厂报到。

当时新华院关押着三四千名战俘，在织布厂干活的战俘有四五百名，张新山被分配到织布车间，担任一个班（100多人）的指导工（技术指导员）。一踏进新华院大门，工头陈明远和翻译李子贤就再三向张新山交代：“除工作之外，不准与‘犯人’讲话，不准随便乱跑。”并说：“这是皇军规定的纪律，如果违犯了，就要重重地惩罚。”

织布是张新山的本行，机器修理也是驾轻就熟，到新华院织布厂没几天，他就熟悉了业务。但要在敌人营垒中站稳脚跟，并开展工作，必须处理好上下级关系，特别要取信于工头、翻译、日本管理人员。

为了疏通关系，张新山把自己每月发的五条香烟，分送给纺织厂的翻译李子贤、工头陈明远和其他指导工，还用自己每月七八十元的工资给他们买礼品，取得了他们的信任和支持。同时又团结了张景田、曲子清、吴如新等一批正直的指导工，使自己的活动范围扩大了，接触战俘劳工的机会也更多了。他利用自己的有利条件，一方面教战俘劳工织布、修理机器；另一方面借机观察战俘劳工的表现。同时在下班离开战俘营后，把战俘营的情况及时向隐藏在济南的城工委负责人李万顺进行汇报。

在几千人的战俘营里寻找渤海区（原清河区）的被俘人员，只能私下寻访，不能公开查找，这是一件非常私密而又困难的工作。张新山认为一定要慎重和细心，如果操之过急，被日军发现，搭上自己的生命事小，完不成任务、营救不了战友事大。头几天，他一言不发，只是认真观察，看战俘们的活动，听战俘们的口音，几天之后，他发现有些战俘仍穿着八路军服装，对看管他们的日特和汉奸总是横眉冷对，便觉得这些人可能是八路军战俘，于是从口音中辨别籍贯，利用检修机器和教织布的机会同他们接近。询问其姓名、籍贯，拉家常。就这样，很快在他负责的班里找到长山县恒四区中队班长许宜亭。又通过许宜亭打听到在张官庄战斗中被俘的 24 名干部的情况，并了解到中队长焦凤鸣、指导员韩玉哲已被残害致死的情况。

找到了许宜亭，张新山的心中踏实了一些。他看到谁有可能是共产党八路军，就让许宜亭先去聊天试探，然后再由张新山出面，这便发生了前面夏方明与张新山互相试探的故事。

战俘们观察了解着张新山，张新山也观察了解着战俘们。张新山先后认识了夏方明、甘文瑞等一批被俘党员，又通过许宜亭认识了孟庆复。

孟庆复原名孟庆新，参加革命后化名张新，被俘后改用他死去的二哥的名字孟庆复，家住山东邹平县焦桥乡刘桥村。1938 年 1 月参加革命，1940 年 9 月入党，在中共清河区党委机关报《群众报》工作。1943 年 11 月初，日军“扫荡”垦利县时被俘，和他一同被俘的有报社的张立三、李振林、张协、阎一民等十几人，加上区党委其他机关人员共 100 多人。被俘后他们先被押到利津县监狱，又被转到张店集中营，随后被装进闷罐车，送到济南新华院。刚进新华院时，由于情况不熟，他装疯卖傻，以免引起日特怀疑。经过十天观察，摸清情况后，他就琢磨着如何编假口供应付敌人。因为被俘时他穿的是老百姓的衣服，所以审讯时，他一口咬定自己是个木匠，隐藏了自己的真实身份。孟庆复心想，自己是共产党员、八路军干部，无论何时何地都应为党工作，同敌人斗争。即使在人间地狱新华院，也应把群众团结在自己周围。于是他注意与同铺的战俘搞好关系，借古喻今地讲历史故事，启发大家的爱国情感，鼓励大家团结起来互相帮助，树立信心，坚强地活下去，逐渐改变了战俘们消极沉闷的精神状态。

1944 年，孟庆复也被分配到织布班，负责打糨糊浆线。白天在纺织厂干活，晚上回新华院睡觉，往返虽有日军押送，但比过去还是有点自由了。

孟庆复在织布班漂布房浆线打糨糊时，用的是李振龙的锅。李振龙是日本人雇来的，孟庆复经常找机会和他聊天，李振龙对其印象很好，便在其他指导工面前夸赞孟庆复，指导工们又在日本总管面前说孟庆复的好话。孟庆复很快就在新工场站住了脚，日本总管、翻译官、指导工对他都很信任。新工场虽然不如新华院那么严厉，但要轻率组织暴动，无疑也是白白送死。于是开展求生存的斗争，让大家活下来，成了战俘们的头等大事。孟庆复就琢磨着怎样维持大家的生命。浆线要打糨糊，糨糊是面和水打成的，既然是面就应该能吃。有一次，他趁监工的日本人不在时，偷偷喝了几口，身体没什么不适的感觉。于是他把这个秘密告诉给同班的难友，大家都私下里偷喝糨糊解决饥饿问题，一有机会还送糨糊给其他挨饿的难友。渐渐地，孟庆复周围团结了一批八路军战俘。等和打入纺织厂当指导工的张新山认识后，他的工作就更加主动。

张新山经过一个多月的努力，初步摸清了渤海区（包括原清河区）200 多名被俘人员的情况，其中直接联系了 57 人。与此同时，张新山还对新华院的组织机构、警备管理进行了全面了解，并利用星期天的休息时间，向城工委负责人李万顺做了系统汇报。李万顺要求张新山想办法照顾好这些同志，使他们能够安全地活下去，再寻找机会把他们营救出来。

3. 代号一〇三

根据党组织的决定，为了避免发生意外，张新山在战俘劳工中开展活动时，始终没有暴露自己的真实身份，都是以“老乡关系”进行联络的。因而，张新山了解夏方明的情况，夏方明并不知道张新山的底细。

1944 年 6 月，城工委要求张新山借过端午节的借口回根据地汇报工作，张新山想趁这个机会为夏方明、孟庆复同党组织接上关系。

节前一个下午，张新山找夏方明说：“我要回家，你捎不捎信?”

夏方明说：“你敢不敢给我捎信?”

张新山坚定地说：“你放心写吧，我一定给你捎到。”说罢，顺手递给夏方明一支铅笔头和一张破纸。晚上，夏方明趁同班难友入睡后，在被窝里向组织写了一封信，向组织汇报了组织暴动、建立支部的情况。其实，这次给根据地党组织写信的还有孟庆复等几位被俘的军政领导。

按新华院的规定，凡是出入战俘集中营的人，都要进行搜身检查，但门卫并不搜查鞋袜。于是张新山就把夏方明、孟庆复等人的密信缝在自己的鞋底里，巧妙地瞒过了敌人的检查，送到了城工委。清西地委书记兼军分区政委李曼村以及有关领导听取了张新山的汇报，并专门对新华院战俘的相关工作进行了研究。城工委根据中共中央城市工作的指示给孟庆复、夏方明回信，要求他们把“当囚犯的思想变为当地下军的思想”，把被俘人员联络起来，利用合法形式开展斗争，并规定联络代号为“一〇三”。

收到根据地领导来信，孟庆复、夏方明等战俘中党政军干部很受鼓舞，也明确了斗争方向，由自发盲目的斗争变成了自觉有组织的斗争。

张新山原想从战俘营中营救一批同志，并制造了一批假良民证，但通过实践证明，不经过大的暴动，或没有合法手续，同志们根本就出不去。为了配合中共中央关于城市工作的指示精神，以及里应外合夺取大城市和交通要道的方针，张新山和孟庆复等商量，先改善大家的生存条件，不让同志们病倒，在战俘营为革命积蓄力量，到必要时再配合部队组织暴动。

张新山利用技术指导员的合法身份和有利条件，在战俘中进行秘密联络，并帮助战俘们解决一些实际困难，鼓励大家坚强地活下去。针对战俘营生活条件差、无医无药等情况，他用自己的工资买一些咸菜、大葱、大蒜和常用药品，分发给病弱的难友。有的同志患了病，他就根据病情买药带进去。被俘党员甘文端，因顶撞班长，第二次被送进病号房。张新山等听说后，急忙东奔西走，找翻译官李子贤等人讲话说情，一周之后，甘文瑞才被送出。而此时，甘文瑞已被折磨得人不人鬼不鬼，从病号房出来后大家都认不出来了。但出了病号房，日本人也没有放过他，还是把他强掳到日本当了劳工，其归国时双目已失明。

1944 年中秋节，张新山又借口过节，回根据地进行工作汇报，城工委再次开会研究，决定在战俘营内建立党的地下工作小组，指定由孟庆复任组长，夏方明任副组长。此后，城工委又派李万顺化妆成孟庆复的表兄，到新华院直接联系，向党的地下工作小组传达中共中央的“六五指示”，根据党的统一战线政策，扩大活动范围，积极争取国民党爱国官兵，为里应外合举行武装起义做准备。此后，根据地又派张新山的父亲以看望张新山为名，几次到新华院送信，使战俘营地下工作小组能在根据地党组织的领导下开展活动。

1944 年冬天，张新山看到很多战俘劳工光着脚扫雪，脚都冻烂了，他便发动战俘劳工捡破布包，并通过孟庆复弄了些糨糊和擦机器的破布，打成“袼褙”，准备做鞋子。结果被日本人佐藤发现，一个汉奸工头也说他经常接近八路军战俘，引起了日本管理人员的怀疑。佐藤将张新山关了起来，幸亏翻译李子贤从中说情，他才获得释放。

要使战俘营里的党组织直接与外面的党组织取得联系，就得有人能自由外出。恰巧这时，华北的战俘营管理机构进行了变更。1944 年，华北劳工协会介入石家庄、济南等几个战俘营战俘劳工的对日输送工作后，日伪当局决定从战俘营战俘中挑选一些熟悉情况的人，解除俘虏身份，改为劳工训练所的职员。这些人可以自由出入新华院和织布厂，每月还有一定薪酬。张新山得知这一消息后，觉得这是一个机会，立即向城工委做了汇报。城工委和地下工作小组认为孟庆复是合适人选。于是，党组织一方面要求孟庆复在坚持党的原则的前提下，争取敌人的信任；另一方面让张新山想方设法为孟庆复“搭桥铺路”。

经过张新山做工作，翻译李子贤在日本职员田代和佐藤面前说了很多好话，终于在 1945 年 3 月，使孟庆复解除了战俘身份，取得出入战俘营大门的自由，并借买菜种的机会回了一次家，向城工委汇报了战俘营的斗争情况。同时，孟庆复接受了组织地下先遣军准备举行武装起义的任务，配合八路军收复济南的工作。

4. 惩治汉奸，支援抗战

1944 年春，驻济南的日本华北方面军第十二军，调河南参加豫中会战，济南地区交给了新编第四十三军负责防卫。因为兵力减少，战俘营管理较之前松懈。1945 年 3 月，因盟军飞机轰炸，向日本输送劳工的轮船被迫停运，战俘劳工多安排在当地强制劳动。特别是新华院新建织布厂后，劳工管理不似以前严格。为了笼络人心、分化战俘，有时候新华院会组织一些战俘外出看戏。日本头目田代还公开许诺战俘看戏可以不用买票，如果戏院方不让看，打死几个戏院管理人员没关系。

当时，维持治安的宪兵队和执法队多是汉奸，他们狐假虎威，为非作歹，欺压老百姓，更看不起战俘劳工。市民们见了敢怒不敢言，九死一生的战俘却不买他们的账。张新山也有同感，每当看到这些汉奸欺侮民众，他也是义愤填膺，憋着一肚子气无处发泄。这次听了田代的承诺，认为给老百姓出气的机会来了，于是就利用带领战俘外出看戏的机会，挑动战俘与宪兵执法队打架。执法队要战俘买票，战俘就说没钱；对方不让进，战俘就硬往里冲，以至发生械斗。在济南大观园、天庆戏院等地都发生过类似事件，最大的一次冲突是在北洋大戏院。

这天晚上，经新华院日本人允许，张新山带着 40 多名战俘到北洋大戏院看戏。他们知道宪兵执法队会来阻拦，事前每人都准备了木棒和铁棍。刚到剧院门口，就被宪兵执法队的汉奸拦住，逼着战俘们买票。战俘们说没钱，汉奸们举起警棍和皮鞭就打。这下激起了战俘劳工的怒火，新仇旧恨一起算，大伙儿掏出木棒、铁棍就进行反击，当场打死两名宪兵，并把尸体扔到天桥南的大沟里藏了起来。张新山还趁混乱之机放走 17 名战俘劳工。

事后，田代把带队的指导工叫去，追问“17 名苦力哪里去了”，他们就按事前约定的口供一起说：“被宪兵队抓去了！”这下可热闹了，战俘营的日军到宪兵队要人，宪兵队的日军到战俘营要人，双方互相争吵谩骂，几乎动起武来，后经日军参谋部调停，才暂告罢休。

张新山还利用在战俘营做工的机会，除了用自己的工资给战俘营的难友购买医药食品外，还筹措经费给根据地购买了武器子弹等急需品。

1944 年秋天，新华院送来一个国民党军的上校团长，据说是汪精卫的部下，身穿黄呢子军装，挎着武装袋，蹬着大马靴，神气十足。在日本兵搜身时，他把随身携带的金条和金戒指握在手中，没有被搜出，于是便用手帕包好，藏到厕所一个墙缝里。没想到这些财务被战俘于洪林、孙立贤发现并取出，开始他们把金条当成铜炉条，后来才知道是金条。当时，孟庆复在战俘中的威信很高，他们就商议托老孟把金条交给张新山变卖了，换点钱花。可赶上中秋节，张新山外出探亲不在济南，孟庆复就原封不动地把金条退给他俩。

后来，劳工队队长孙建鲁知道了此事，他拿去了金戒指，又把金条截为三段，和于洪林、孙立贤每人一段。孙建鲁用这飞来的横财买通了新华院最大的头目和翻译官，从而飞黄腾达升为劳工大队长。在织布车间干活的于洪林和孙立贤担心自己保存的金条再被别人知道而要走，于是想直接把两块金条送给关心战俘劳工的张新山。

一天，于洪林和孙立贤把张新山叫到织布机房，于洪林笑着说："张师傅，自从你来到新华院以后，对我们这么关心，在我们身上花了那么多钱，我们实在过意不去，决定送给你一点东西做个留念。"这时，孙立贤从身上掏出一个纸包，塞到张新山手里。怕别人发现，张新山接过纸包就装进衣兜里，向他们说了几句感谢的话，并给他们介绍了国内外形势，鼓励他俩说："日本已是秋后的蚂蚱，没有几天蹦头啦，你们出头的日子快要来到了，一定要坚强地活下去!"

回到宿舍，张新山打开纸包，见是两块金灿灿、黄澄澄的金条，便又包了起来。他心想，战俘朋友把这么珍贵的东西送给自己，这是对地下工作者的信任。这个钱不能随便花，应该把它用在抗日的事业上。于是，他利用星期天把金条转存到元祥织布厂的孙文发家中。

织布厂的工头陈明远，原来是帮会“三番子”的头目。为了培植自己的势力，其在指导工中组织了一个名叫“安清道义会”的反动组织，专门监视战俘劳工的活动。他为了拉拢张新山，也请张新山参加。但张新山请示根据地党组织后，组织未同意他加入。陈明远怀恨在心，到处散布舆论，说张新山专门接近共产党八路军战俘，挑拨张新山同其他指导工的矛盾。在张新山为解决战俘的穿鞋问题而被日本人关押后，城工委决定将其撤出新华院。

为了不引起敌人的怀疑，掩护孟庆复和地下小组的活动。张新山又给翻译官李子贤送去50日元和一些礼品，让其在日本人面前制造舆论，说陈明远欺负张新山，因此张新山不愿干了，要离开，等等。同时，张新山也有意找碴儿，与陈明远吵架。因陈明远不懂日语，在日本人过问时，翻译李子贤帮着张新山说话，田代也信以为真，就默许了张新山离开。这样，张新山就转到济南水沟街元祥织布厂做工，继续负责孟庆复和城工委的联络工作。为了表示对李子贤的感谢，张新山根据李万顺的指示，将新的住址告诉李子贤，以换取其对孟庆复的信任。而李子贤感激张新山的信任，连发给张新山的身份证件也没有收回。张新山就凭着这个通行证，继续冒充日本特务，自由地出入济南。

不久，根据地让李万顺、张新山在济南购买军火。张新山取出战俘赠送的金条变卖后，用这笔钱购买了24支火枪和一批子弹。利用敌人发放的证件，在战友和亲属的帮助下，经过周村转运到清西地委长山县六区联络站。

1945年8月，日本宣布投降后，因中共中央改变了夺取大城市的战略，战俘营党组织成立地下军进而配合八路军解放济南的暴动计划没能实现。9月，以何思源为主席的国民党山东政府进入济南，接收了新华院。战俘营的国民党战俘都穿上了新军装，而八路军战俘还被关在人间地狱。直到10月份，毛泽东和蒋介石在重庆谈判，达成《双十协定》，新华院的八路军战俘才走出这座死亡之城，这个夺去上万战俘生命的魔窟也才关上了罪恶的大门。

六、临时战俘收容所

1. 临时战俘收容所

济南临时战俘收容所设在济南火车站附近的原济南美孚洋行的汽油仓库里，是临时关押战俘劳工的战俘营。因为没有找到有关档案资料，我们无法知道济南临时战俘收容所的机构沿革、起止时间、关押人数等全面情况，但通过战俘劳工幸存者的回忆和个别日本战犯的交代，我们可以了解到它的职能和概貌。

济南临时战俘收容所设立的时间比救国训练所早，1939年这里就已关押了许多战俘劳工。美孚洋行的汽油仓库当时称“亚细亚油库”，油库周围有围墙，围墙上设有铁丝网、电网，门口由日军持枪站岗。院内有一栋用于存放汽油桶和汽油罐的大铁皮房子。房子从墙壁到顶棚没有一块木料，固定房屋的是几根纵横的铁轨，人在屋里可以攀登铁轨到房檐处，房顶与墙壁间没有接合封闭，空出了一道缝隙，扣着大铁锁的两扇大铁门的顶端也有一道大空隙。因为房顶和墙壁都是铁皮的，所以到夏天太阳一晒，非常闷热；又因为墙顶四面透风，到冬天又非常寒冷。战俘劳工押进来后，几百人关在一栋大库房内，既没有铺，也没有盖，只能无可奈何地蹲坐或躺在潮湿、肮脏、散发着油污气味的地面上。每天只给吃两顿饭，有时吃发了霉的小米饭，有时吃发了霉的玉米面窝窝头，吃起来嘴里发苦，里面还有许多蛆虫及虫屎。

据战俘李树军回忆，1939 年 11 月，他在沂蒙山区作战被俘后被押到这里，当时共收容了数千人。每 50 人为一个单位，在地上排列成行，作为睡眠之地。每日吃饭也不让出门，用汽车装来半生不熟的小米饭，发给每个人。战俘劳工没有碗筷，只能用衣服和手接过来捧着吃。几千人在一个大仓库里，小便也在仓库内，空气污浊，条件恶劣，战俘营发生了传染病，死亡人数逐渐上升，一个月后，日军将这批战俘劳工押至东北阜新煤矿，后又送到虎林要塞充作劳工。

据战俘白敬喜回忆，1939 年秋他在新乡被抓，修了一段飞机场后被押上闷罐车，经开封、徐州送到这里。他们 300 多人在此住了一星期后，经青岛乘船到大连，最后被送至抚顺煤矿。

据战俘张云秀、张伯铨回忆，1942 年秋，日军“扫荡”莱芜山区作战后，把数千名战俘押到这里，后被送到东北的抚顺、阜新、鞍山、虎林、兴凯湖等地充作劳工。敌人白天管得较松，晚上不准出屋，有一两次开门允许出去大小便，但每次人数有限制。米饭做得半生不熟，按人头分发，饭量小的还勉强，饭量大的长期挨饿。战俘劳工只能从井里打凉水喝，所以病号不断，拉肚子的人很多。日军每天往外拖死人，最多时，一天死十几人。

1943 年，新华院设立后，日军在山东作战时俘虏的战俘大多送往新华院进行关押，临时俘虏收容所除了关押转送外省的俘虏，主要关押山东、河南、河北等地劳工协会抓来的——到济南转车去青岛——送往日本的劳工。

据战俘朱风山等人回忆，1944 年 9 月，日军把鄄城战俘营的 500 名战俘送往日本神户、东京、七尾等码头充作劳工，在济南转车时曾被关押在这里。

据战俘郭善兴等人回忆，1944 年 10 月，日军从河南浚县、滑县、淇县抓来 200 多名劳工，送往日本北海道芦别矿。在济南换车时，在这里关押了三天。他们在屋里挖坑道准备逃跑，结果坑道没挖好就被送往青岛。

据战俘贾明群等人回忆，1945 年 5 月，日本人从石家庄押来 400 多劳工，在这里关押了五天，后押往青岛乘船，送往日本四国岛别子铜矿充作劳工。

从以上战俘劳工的回忆可以看出，济南临时战俘收容所的关押机构不如救国训练所和新华院那样严密，也不搞什么训练和劳动，只是临时关押转送。但因它设立时间长、劳工周转速度快，所以关押的战俘劳工较多，估计也有一万多人。它和救国训练所、新华院一样，同为济南的战俘劳工集中营，同样是摧残战俘劳工的魔窟。

2. 假治病真屠杀

临时战俘收容所因为是临时性、中转性的战俘营，所以设备简陋、环境恶劣，战俘劳工生病者很多。而生了病无人治疗，所以患病死亡者更多。

最可恨的是，日军管理人员借给伤病战俘看病为名，将他们骗出去进行残杀。八路军战俘滕振戈在此关押一个月就病倒了，当时病情不太重，还能在院子里走动。有一天，中队长前来登记，说是去医院看病，他们就被汽车拉走了几十人，却没有再回来。后来听说这批人被拉到千佛山杀害了，这件事被后来担任俘虏收容所所长的难波博证实了。

难波博，1941 年 9 月随日军入侵来到中国，开始任独立步兵第四十二大队三中队小队长，先后在日军驻山东德县、禹城、邱县、济南、泰安等县多个部队任职，因为他在各地“扫荡”作战时立下一条“规矩”：每次作战都必须掠夺财物，并特意组织运输工具将物品运回大队部。因而很得上司赏识，屡立战功。到中国两个月，就升任少尉。1942 年 11 月—1943 年 1 月末，他被任命为济南俘虏收容所所长。由于虐待、残害、奴役战俘劳工有功，后又调到旅团、师团司令部工作；1945 年 7 月，调防朝鲜；8 月 16 日，日本天皇颁布投降召书的第二天升为大尉；8 天后被苏军逮捕。在苏联俘虏收容所里还参加了“沿海州反动将校团”“八八舰队”等反动组织。后从苏联引渡到中国抚顺战犯管理所，在中国宽大教育的俘虏政策的感召下，他认识到自己的罪行。1954 年在战犯审讯时，他交代了自己当所长期间把战俘送往伪满地区充作劳工、送往日军 731 部队做细菌试验、送往琵琶山万人坑让士兵做射击训练的罪行，还特意交代了在济南临时战俘收容所残害 80 名患病战俘的情况：

1942年11月末，我担任济南俘虏收容所所长时，最初在收容所里关押的俘虏约有900名，其中最多的是八路军，还有100名以上的农民及一部分抗日军人。我把这些人关押在济南一个美国的石油仓库里，让俘虏睡在地上，只给一条破毯子和一些干草，到冬天仍是穿着破烂的夏衣，没给冬衣，也不给柴火取暖，每天只给两次小米饭，每次一人能分到约三两小米饭和咸白菜，没有开水喝，只让俘虏喝生冷井水，卫生设备和医疗条件可以说完全没有。

由于这样的虐待，这些俘虏普遍生了虱子，病者增多，“回归热”也流传起来。因此病人愈来愈多，而我们只是看着这些俘虏中的病人死去。死后由济南市公署用俘虏用的破毯子包去埋掉，也不通知家属，这样虐待而患病死亡的俘虏约有十七八名。到1943年1月，在俘虏收容所里流行“回归热”病时，我接到第十二军司令部的命令——把重病患者挑选去杀掉。

我想多杀掉几个俘虏可以防止传染，因此我欺骗所里的中国医生说：“把俘虏中之病者挑选出来，准备送到医院去。”于是挑选了80名俘虏，由司令部小岩井部队杀掉了。后来，我听说小岩井部队强制这些俘虏站在坑前，用机枪对他们进行扫射，没有射死的也踢进坑里活埋了。

另外，难波博还用笔供交代，这次下令屠杀伤病俘虏的是十二军司令部后方参谋、俘虏收容所管理负责人铃木少佐，枪杀地点为济南市丁家山下。在此期间，日军为了让士兵练胆，多次把俘虏收容所的战俘拉到琵琶山刑场进行刺杀训练。

3. 打杀不绝的逃亡者

战犯芳信雅之曾交代：

在济南俘虏收容所里被收容的俘虏之中，为了把有彻底抗日思想的、思想没有转变的抗日爱国者加以暗害，我们曾进行过大量的屠杀。军直辖中队在1942年8月中旬及1943年5月，都曾杀害了各约30名俘虏。1943年的4—5月，曾每隔10天屠杀20—30名战俘。屠杀的情形如下：将关押的抗日爱国者用粗绳反捆双手，用汽车运到济南市西南郊外丁家山麓庙内执行死刑的地点，使之站在预先挖好的坑旁，仍然反捆着双手面向坑穴，从其后方约8米之处，向其脑部开枪将其击毙；有时为了拿军刀练习砍人，也曾以砍头的方式加以杀害。尸体则置于坑内，用沙土掩盖其上。当爱国者的尸体腐烂下沉时，则在他的上面又会有新的爱国者被屠杀而置于坑内。

战犯立花孝喜也曾交代：

1943年4月上旬，在山东省济南兵站合营所管理伙食的时候，听说要屠杀十二军俘虏收容所的中国俘虏，我感到很有兴趣。于是命令由十二军直辖中队派来的炊事勤务兵与中队联系后，率领冈本上等兵一同到济南市郊外，参加了残害由中队押送来的25名中国俘虏的大屠杀事件。当时我曾亲自用日本刀试斩，砍死一名30岁的中国男子，随后便命令冈本上等兵用步枪杀害了两名俘虏。

这些战犯的交代使人们进一步了解到，济南临时俘虏收容所不仅仅是运输战俘劳工的中转站，同样也是虐待、残害战俘劳工的场所。与此同时，战俘劳工也进行过逃跑暴动。

1944年秋天，日伪军从河南获嘉、辉县、新乡抓来200多名劳工，押往日本大江山充作劳工。在济南换车时，在这里关押了三天。何万灿等人看到房檐处有缝隙，就想趁着夜间爬出去逃走。第一天夜晚，几个劳工商议后，就沿着铁轨爬到房檐下，因缝隙窄出不去，他们就脱掉厚衣服往外挤。最先爬上屋檐的两人，身子刚翻转到屋外，就听到两声枪响。霎时，鲜血染红了他们的裤腿，俩人躺在屋外的灯光下，呻吟了一夜。敌人的子弹没有阻止人们逃生的欲望，第二天夜里，又有人企图从两扇铁门顶上爬出去，结果身子夹在大门顶端与房壁之间的夹缝里，出不去回不来，日军警卫看到又是两枪，逃跑者的肠子被打得流了出来。

1945年2月，从山东新泰、齐河等地抓来600多名劳工，在此关押了20多天。每人一天两顿饭，每顿饭只给两个小窝头，根本吃不饱。等听说要被押往日本充作劳工时，李绍海和王一轩等人就商议，借押解开门时冲出去逃走。第二天早饭时，门刚开了一条缝，他们每人手里拿着两块砖头，从房门往外冲，敌人用大刀在门口砍伤了几个劳工，但后边的又冲过去奋起还击，打倒卫兵，冲到院子里，翻墙外逃。这时，敌人开枪射击，砖头顶不过真枪实弹，结果只有三人逃走，一人被打死，其他人又被关押起来，不再给吃饭。不久，日军便把他们裤腰带解下来，两个人捆在一起，战俘劳工们一只手被捆着，一只手提着裤子，列队被押上火车，送往青岛。这批劳工在济南的暴动刚开始就被镇压了，但他们的斗争精神并未泯灭，到日本秋田后，他们又参加了著名的“花冈暴动”。

七、齐鲁其他战俘营

日军侵华期间，除了在省市设置规模较大的战俘营外，军辖各师团和旅团还在驻地设置俘虏收容所。早期驻济南的第二军，后来的十二军及四十三军，除了统辖山东全境，还管辖苏北、淮北、豫东等地。因此，日军除在济南设置了战俘营外，还在青岛、张店、德州、徐州、连云港、开封等地设置了战俘劳工集中营。多数战俘劳工都是先从各地转送到济南进行所谓的“训练”，然后再转送到青岛或连云港，再从海上运往伪满地区或日本本土充作劳工。当渤海海道被盟军飞机和鱼雷轰炸而海道不通时，日军还把塘沽战俘营的战俘劳工运往青岛，从青岛上船押往日本。

1. 青岛战俘营

青岛作为华北的主要港口城市，一直是日本掠夺中国劳工的主要基地。1934 年，日军御用的劳务机构大东公司组建后，即在青岛设立事务所，先后把恩县路 28 号和商河路 9 号作为办公地点和劳工集结地，负责发放从青岛乘船进入伪满洲国地区干活的劳工签证和“出国”证，垄断了劳工招募和出入伪满地区的特权。

1937年7月7日卢沟桥事变后，华北地区相继沦陷，青岛也被日军占领。1938年1月7日，伪满洲劳工协会成立后，在青岛设立出张所，主任为仓田庄五郎。最开始时，同大东公司分头招募劳工，后来大东公司并入伪满洲劳工协会，青岛出张所的业务规模扩大，除原大东公司所属之商河路9号房产外，出张所办公地点迁至铁山路85号，其职员除部分杂役为中国人外，均为日本人。该所继续在青岛及山东各地骗招劳工。华北伪政权建立后，青岛先后成立了山东劳务福利局、大陆华工公司。

1941年7月，伪华北政务委员会组建伪华北劳工协会后，在青岛设立了伪华北劳工协会青岛办事处。青岛办事处接收原伪满洲劳工协会青岛出张所的房屋财产和业务职员后，由日本籍和中国籍人员重新组成。办事处处长由伪华北政务委员会实业总署委任伪青岛特别市市长赵琪兼任，赵琪调任伪华北劳工协会理事长后，由继任市长姚作宾兼任。但中国籍的处长并不到会办公，只是挂名而已，实权掌握在日本籍的办事处主任手中。办事处设主任一人，先后由佐佐木、浅川保充任。办事处下设业务科、总务科。业务科下设发证系、调查统计系、防疫系、写真系；总务科下设会计系、医务系。各科系中，除总务科长曾一度于1943年由中国职员（时任伪华北劳工协会理事长赵琪的侄子）充任外，均由日本人担任。中国职员只负责会计、庶务等，所有劳工招募、办证、发运等主要业务均由日本职员负责。

青岛办事处下设潍县、莒县、平度等办事分处，后因招

图 12　港口城市青岛，战时有几十万名劳工从这里乘船送往伪满洲国和日本本土（何天义研究室拍摄）

图 13　青岛大港火车站，战俘劳工从各地坐火车来到青岛，然后换乘轮船运往日本（何天义研究室拍摄）

不来劳工，“自由招募”改为“行政供出”，各办事分处无工可招，于 1944 年撤销。同年 6 月，成立劳务工作大队。为了向日本输送劳工，伪华北劳工协会青岛办事处组建了第一、第二劳工训练所，伪青岛市社会局劳工科组建了华工赴日事务所，由驻青岛的桐部队和伪华北劳工协会青岛办事处及青岛市社会局劳工科等共同管理。

（1）青岛第一劳工训练所

为了向日本输送劳工，1944 年，在驻青岛日军和日本领事馆及伪华北劳工协会的指使下，伪青岛特别市政府首先在铁山路 85 号伪华北劳工协会青岛办事处的旧址上，设立了青岛第一劳工训练所，并把原伪华北劳工协会青岛办事处迁往陵县支路，后迁回商河路 9 号原大东公司旧址。在铁山路 85 号训练所改建完工前，等待外送的战俘劳工先集中关押在大港火车站对面的保安客栈旅馆，因该客栈地处三楼，仅有一处通道，劳工无法逃跑，所以成了战俘劳工的临时集中营。

铁山路 85 号占地5 100平方米，原来院内有建筑面积 566 平方米的大库房一幢和办公室数间，出境劳工均到此处办理出境证明，可自由出入。1944 年 10 月，改为第一劳工训练所后，为防止劳工逃跑，日军修筑了 3 米多高、上架电网的围墙，还设立了审讯室、警卫室、办公室。门口有军队警卫，所外有警察巡逻，管理严密，戒备森严。还将大仓库改建成关押战俘劳工的宿舍，大通间的仓库设三层大铺，供劳工睡觉。平时关押战俘劳工多达2 000人以上。

据当时制定的《华北劳工协会青岛劳工训练所组织要

图 14　原铁山路 85 号青岛第一劳工训练所遗址，如今已盖起高楼（何天义研究室拍摄）

领》和《青岛劳工训练所运营细则》揭示，青岛劳工训练所是专门关押和“教化训练”从华北各地训练所输送到日本充当劳工的“训练生”，及通过“行政”手段“募集”供出的一般劳工的场所，由青岛日伪军警司法机关负责警卫。该训练所直属伪华北劳工协会青岛办事处，职员由伪华北劳工协会青岛办事处训练班职员组成，人员组成有主任（日籍）1 名，班长（日籍）1 名，班员（日籍）10 人，中国籍职员 11 人（内医师 1 名）。所部设训练、审问、卫生三系。《青岛劳工训练所运营细则》则对劳工训练所的管理运营做了详细规定，从而使劳工训练所成了名副其实的关押、折磨、残害战俘劳工的集中营。

从各地运到青岛的战俘劳工大都经铁路转运而来，又经水路用轮船送往而去。凡被关押到青岛第一劳工训练所的，都在青岛大港火车站下车，由军警押送到相隔200余米的铁山路85号。战俘劳工被关进训练所后，首先将衣服和携带财物交出，由训练所的看守统一“保管”，再统一配发旧军装，然后由日军和日本职员予以审问，填报个人情况登记表，并对劳工身体状况进行检察，个别年老体弱患病者予以退回，其余劳工则等待运往伪满地区或日本本土。

日本爱媛县和平联络会议的《别子矿山中国人俘虏殉难者资料》中，关于青岛战俘营关押人员情况，曾有如下记载：

> 第三次是昭和二十年（1945年）5月，这次由矿山方面派主管人员到青岛，在该地劳工协会训练所接收了400人。这里的人们都是由当地宪兵队强制收入的失去劳动能力的人，还有病人、少年等很多人员。从年龄上说，最高年龄有68岁，最低年龄有14岁。

据日伪档案和劳工训练所职员揭露，青岛第一劳工训练所曾收容劳工2 000余人，宿舍“四壁窗户全部封闭，室内空气腥臭异常”，卫生条件极差。“劳工每日只三餐，早晨每人小米粥两碗，午饭及晚饭每人分玉米面窝窝头一个，每人每餐约摊食品四小两，且无饮料。后来虽然供应饮料，但经常只提供凉水，并且不允许多喝，防其小便。有的劳工因缺水而自饮小便。”日本制铁株式会社岩手县釜石矿业所的《事业场报告书》中关于青岛战俘营的记载提及：“那是临时木板房间建筑，在40—50坪（1坪为3.3平方米）的地方挤入700—800 人，无采暖等设备，因为疲劳与寒冷，疾病频发，从而出现死亡者。”也就是说，在3.3 平方米的地方要挤入16 个人，其拥挤程度是常人难以想象的。

据日伪档案记载，1944 年10 月—1945 年3 月，青岛第一劳工训练所曾发生过4 次暴动。其中，1945 年2 月的劳工暴动规模最大。

2 月26 日晚，严冬未过，寒气袭人。关押在铁山路85号的战俘劳工，因为战俘营内的日本人未发给棉被，只能穿着现发的服装睡觉，而脱下的旧衣服及旧被褥被随意堆放在院内，也不准使用。日本人借口没水，没有给战俘劳工做晚饭。战俘劳工饥寒交迫，忍无可忍，至深夜两点，奋起暴动，拆下窗子上的铁棍和院内的砖石，蜂拥而出，奔向该所门口。先用砖石铁棍击打值班的伪警，值班的6 名伪警见势不妙，即开枪射击，然而战俘劳工们不惧枪弹威胁，挺身向伪警夺取枪支，夺门而逃。该所的日本职员闻讯，也赶来开枪镇压，但战俘劳工在一番搏斗后，终于砸开训练所的铁门冲了出去。

暴动中，3 名伪警被劳工打伤，1 名劳工被打死，数人被打伤，仍有114 名战俘劳工砸开铁门逃走。日伪当局立即派出大批宪兵和警察，分别在市北、市东、市南等区各处进行搜索追捕，2 名劳工在日伪军警追捕时被打死，17 名劳工被抓回，重新落入魔掌，其他97 人胜利逃亡。

（2）青岛第二劳工训练所

青岛第二劳工训练所是1944 年11 月设立的。由于华北各地的劳工陆续押往青岛，等待送往日本，铁山路 85 号的第一劳工训练所已经人满为患、无法容纳，驻青岛日军和日本领事馆指示伪青岛特别市政府，将位于汇泉广场的体育场（又称汇泉体育场）借给伪华北劳工协会青岛办事处，作为青岛第二劳工训练所。凡是送往这里的劳工，大都在青岛大窑沟下火车，再用汽车押送到汇泉体育场进行关押。

汇泉体育场始建于 1933 年，是当时青岛最大的体育场，看台上可容纳 1 万余人，看台围墙高 6 米，看台下有 148 间专供运动员休息的地下室。早在 1942 年日军发动“胶东大扫荡”时，就曾将抓来的数千名抗日军民关押在这里。除少数人被青岛各界民众组织的慈善机构营救外，大部分都被押往伪满地区当了劳工。日军第六十三师团第六十六旅团第七十九大队五中队曹长大野贞美在回忆日军抓捕劳工时曾谈到这个地方，他说：“抓劳工，并非以战斗为目的，而是以掠夺物资与征集人力为目的，从 1942 年 10—12 月两个月时间，一直是这样进行的。被征集的中国人被收容于青岛江泉体育场内，但因那里装不下，所以押进了第一公园的赛马场。其人数不知有几千或几万。他们从青岛被押上船，去向哪里就不清楚了。”

1944 年改建劳工训练所后，青岛江泉体育场成了名副其实的战俘营。为防战俘劳工逃跑，除在体育场的几个大门设有警卫外，又将地下室的门窗全部用铁棍封住。劳工就睡在里面，如同活地狱。

据日伪文献记载，1944 年 12 月时，汇泉体育场分别由

图 15　日军把青岛汇泉体育场作为青岛第二劳工训练所，看台下的房间和比赛场地成了临时关押战俘劳工的场所（何天义研究室拍摄）

三个单位管理控制，即伪华北劳工协会青岛办事处、青岛市劳工科领导的华工赴日事务所和海州矿工株式会社，关押战俘劳工多达数千人。

第二劳工训练所的条件更加恶劣，饮食卫生还不如第一劳工训练所，劳工缺衣无被，睡在阴暗潮湿的地下室水泥地上，备受摧残。曾在石门劳工训练所供职，1944 年被调到青岛第二劳工训练所的日本职员仓田回忆说："被关押的人，即使是冬天，也是围着一条毯子在冰冷的水泥地上睡觉。因食物极坏，每日都出现死亡者，死尸由市警察局处理。"

战俘劳工在被送往日本前等船时，每天还要在当地进行劳动。他们经常被驱使到青岛大港 5 号码头装卸货物，或押到汇泉山修筑军事工程。每次押送劳工外出干活，日军都荷枪实弹，将所经过的街道戒严。每当有船只前往日本时，日军就逼迫劳工到码头装运煤炭、矿石或生铁块，等装满船后，便将劳工押进货仓，一同运往日本。

图16　青岛战俘营关押劳工的地下室（何天义研究室征集图片）

恶劣的生活环境和繁重的体力劳动，使许多战俘劳工罹患疾病。但训练所的日本管理人员又以经费少、无钱买药为由，拒不给予治疗，几乎每天都有战俘劳工死去。青岛市云南路有个人力车夫叫李兴玉，就是专门从战俘营往外拉尸体的。劳工的尸体蓬头赤足，衣不遮体，极为悲惨。原劳工训练所医生王培易在后来揭发道："劳工训练所曾发生了斑疹伤寒和'回归热'两次传染病，死亡约五六百人。"原伪青岛特别市政府劳动局劳工科科员栾嗣修在1945年5月关于《办理劳工协会收容各省、县供出过青劳工之一部罹灾病者经过报告》中记载：

本年3月该协会（指劳工协会）除数日间已病死300余名外，计现场收容人数860名，罹灾者（患病者）尚有337名。沉重者200名已送传染病院，轻病者73名当即督率各医分别诊查……查出50名较重者饬令送院，经研究病源，多系缺乏饮食所致。

传染病院仅以监视与大部工人隔离性质之收容，并无任何救治设备，又值本市水荒及缺乏西药、饮食、医疗，该协会与医院均难施行，致逾数百罹灾者焦头烂额，奄奄待毙，怨气冲天，令人目不忍睹。

因为日本当局并没有真心给劳工治病，只不过是为防止丧失更多的为其卖命的劳动力而已，所以传染病院只不过是另一种形式的收容劳工场所，也可以说是战俘营的一部分。

从到传染病院帮忙的劳工协会职员1945年3—4月所做

的“日报”，不难看到战俘劳工患病后的遭遇：

因饮食不足，每日只二餐，早晨每人小米粥两碗，午饭及晚饭（合为一餐）四人分棒面窝头一个……且无饮料，致彼等因饥渴成疾者较近日为多。

彼等俱系由“劳工协会”送交，在未送来前曾在该会数日缺食，此亦致病原因之一。

3月29日正午，由专拉埋死亡者李××以大车拉死者10口（三日内死亡数）由院里经过，被职发见，唯头臂半露草席以外，殊碍观瞻。

曾因锅灶不敷使用，数次向“劳协”负责人要求添设，彼总是理也不理。

劳工患病者太多，皆因睡洋灰地所致，请小野先生买稻草铺地，不允。

小野先生数次叫厨房熬面粥要薄些。

查各病舍空气污浊，不宜病人。

小野先生将职呼至说：“你们是来帮忙的，不要多说话……现在劳工很享福，你们可以回去了。什么市长、科长，我不知道，我叫你们回去就得回去。”

“劳工协会”中国职员贾某，对病人等时因细故而加毒打。

由3月22日至本月（4月）25日，累计收容病工357名，经救治而出院者186名，死亡57名，潜逃6名，现下住院108名……

也就是说，这批劳工在一个多月的时间里，虽经市政府所派医生诊疗和转送传染病院治疗，还是死亡了近 400 人，占这批劳工总数的 1/3 以上。中华人民共和国成立后，有关人员曾在青岛市新疆路挖出数十箱尸骨，就是死亡战俘劳工的一部分。

青岛第二劳工训练所也发动过多次暴动，最大的一次暴动发生在 1945 年 1 月。1 月 13 日，280 多名战俘劳工由第一劳工训练所转到第二劳工训练所，16 日晚上 8 时 50 分，这批劳工团结一致，奋起暴动。他们用石块投向日伪警卫，伪警鸣枪镇压。因战俘劳工人多势众，随即将汇泉体育场南铁门砸坏冲出，有的则翻越围墙逃走。日伪军警开枪镇压，打死劳工 24 人，打伤多人。日军部队以及宪兵伪警察局当晚便分头出动，缉捕逃跑劳工。但是，除了未及时跑出者和受伤者 17 名，以及被日伪军抓回的 20 名外，其他 240 余名战俘劳工逃出了魔窟。

（3）华工赴日事务所

华工赴日事务所成立于 1944 年 7 月 1 日，专门办理青岛市辖区劳工赴日募集、征雇及联络等项事务。因为建立后，只向日本输送劳工所用，故于 1944 年 12 月 21 日改名为劳工事务所。

华工赴日事务所成立之初，就制定了组织规则、办事细则、征雇华工办法等文件。按组织规则，华工赴日事务所设所长 1 人，事务主任 1 人，下设庶务、会计、募集、监护 4 个系，并设系长 4 人，事务员若干人。该所由青岛特别市社会局领导，并由社会局劳工科科长李明得担任。华工赴日事务所输送的劳工，由市辖胶州、即墨、崂山3个行政区办事处招募征雇，实际上是强制摊派。建所时决定向日本供出华工5 000人，1944年7月决定，第一期征募2 000人，因各地民众抵制，到1944年8月才送来1 020人。

华工赴日事务所设在汇泉体育场，强制的劳工也关押于此。为便于管理，他们把劳工编成青岛勤劳工作团，每500人为一团，准备交送伪华北劳工协会青岛办事处输往日本。但因日军在青岛的军需工业、埠头搬运和军事工程也需要大批人力，所以华工赴日事务所只在1944年向日本输送了一批劳工104人，其余都在青岛服苦役。据档案记载，第一批劳工送到后，押往青岛埠头当搬运工的有500人，到日本人办的青岛制铁株式会社炼铁的有300余人，其他陆续强征来的劳工还被押往汇泉山、太平山、塔埠村等地修建军事工程。

从日军开始征抓战俘劳工之日起，青岛劳工的自发斗争就没有停止过，有的对战俘营设施进行破坏，有的在外出劳动时对敌人的劳动工具和设备进行破坏，逃跑事件也时有发生。有的趁骤雨之际，将院内旗杆铁绳折断，拴于墙之垛口，顺墙而下；有的乘看守不备，将场内木窗毁坏潜逃；有的外出劳动，趁工场、车站人迹纷乱时溜走；有的在山林处藏躲，使日伪军警摸不着头脑。其中较为大规模的逃跑发生在1944年8月，日军从青岛附近各县抓来大批劳工，准备押往日本。临行前，劳工们被押赴大港六号码头装卸食盐，尽管他们受到了严密监视，每天仍有很多人逃跑。据统计，自10日至15日，共有85名劳工逃跑；19日至25日，7天之内又有405人逃跑。在如此短的时间内，竟有这么多劳工逃跑，日伪当局大为恼火，于是一再饬令对劳工逃跑要“严加防范”。

1945年8月3日，在日本投降前夕，伪华北劳工协会青岛办事处放出患病劳工10余名，他们被放出时已被折磨得“形销骨立、身患重病”，有好几名当下就倒毙街头。因伪华北劳工协会不给一文补偿，活下来的劳工无钱购买回家车票，不得不流落街头，奄奄待毙。根据南京国民政府获得的情报，日本在修筑青岛太平山火药库时，于完工之后将350名劳工悉数杀害。

日本从青岛招募强掳了多少中国劳工？青岛档案馆根据馆存资料统计，仅1940年1月—1944年5月，日本由青岛输送到伪满洲国和伪蒙疆等地的劳工就达743 477人，其中以团体形式输送249 385人，以单独身份输送494 092人；再加上相随家属342 151人，共计输出1 085 628人。

另据日本《外务省报告书》，1943年开始向日本本土输送中国劳工后，由青岛两个劳工训练所训练后送到日本的中国劳工共有7批计2 500人。由各地送往青岛，再转送日本的劳工（含前面七批）共计14 174人。

2. 张店战俘营

张店系今天山东淄博市的一个区，古为黄桑店，是济南府去青州府的必经之路。胶济铁路修建后，这里设立了一个火车站，逐渐形成一个小镇。1914 年 9 月，日本侵略军第十八师团在龙口登陆，占领胶济全线，张店遂被日军占领。同年，日本在张店设领事机构，直属济南日本总领事馆，并在张店开设洋行、商行，进行经济掠夺。由于张店周围地区有着丰富的煤铁铝矿，张博铁路又连接着淄川博山等工矿区，既是交通要道，又是工矿业区，因此日军对张店的战略位置十分重视。

卢沟桥事变后，日本华北方面军在占领德州、济南后不久，即于 1937 年 12 月 29 日，派遣隶属于第一〇九师团的第一一八步兵旅团（时任旅团长本川省三少将）2 000余人入侵张店。日军侵占张店后，首先建立了东西两座大兵营，后来又建立了石桥飞机场，构筑了大量军事设施和防御工事，并在张店城里设立了宪兵队、警察局、特务机关，使张店由桓台县的一个农业城镇，成为日军在山东的五大军事重镇之一。

1938 年 3 月，第一一八步兵旅团调往山西，日军独立混成第五旅团、独立混成第六旅团、独立混成第七旅团、步兵第五十三旅团、第四十七师团、独立步兵第一旅团等部队先后在张店地区驻防。八年全面抗战期间，日军基本上在张店地区常驻一个师团。这些部队除担任本地警备外，还参加第二军、第十二军、第四十三军在鲁东、鲁北、鲁南的“扫荡”作战，作战中俘虏和抓捕的中国军民都被押往张店，于是日军便在张店建立了战俘集中营。

图 17　张店战俘营关押战俘劳工的楼房和大门遗址（何天义研究室拍摄）

张店战俘营又名张店俘虏收容所，位于张店二马路，现淄博市张店区西一路 3 号大院。

1941 年日军独立混成第六旅团进驻张店，因时任旅团长是盘井虎次郎，所以又称“盘井部队”。1941 年 3 月，该部队为加强当地治安，组建了一支由日军领导管理，由中国汉奸警备队参加的“兴亚剿共队”。队长由掘井中尉担任，副队长由北野担任，翻译为朝鲜人李单山。驻地先在张店的斜马路，后迁到二马路。“兴亚剿共队”开始编为 3 个班，后扩编为 4 个小队辖 11 个警备班和 1 个情报班。第三小队驻张店队部。1941 年 10 月，该部队增加了内务股、医务股、宣传股、俘虏股和战俘收容所。所长先由掘井兼任，后为三浦梧楼。

战俘收容所设在二马路队部，这里原是桓台县一名耿姓商户开的棉花洋行（亦称“祥记棉花栈”），当时由张国正为其看护。日军占领后，将此变成“兴亚剿共队”营房。这个院子很大，西边是一栋两层楼房，楼上楼下各13间，楼下最南一间作为大车门向西开向二马路，北房、南房和东房原是存放棉花的大仓库，后被日军改为关押战俘的牢房。

2004年4月8日，笔者去考察时，原战俘营的门口上现在挂着“张店公安分局商场派出所治安联防办公室”的木牌子。西侧楼房还存在，只是已经过翻修，木制楼板和木制围栏已换成水泥楼板和砖砌围栏。楼下后窗开为门市对外经商，楼上为淄博市印刷厂职工宿舍。原来的北房、东房已不存在，南房还存有一段，但已经翻修，原先的青砖石块墙基还可以看到。

1943年7月，独立混成第六旅团调往山西，“兴亚剿共队”解散，其中警备队员分别编入桓台、益都、淄川等地警备队。战俘收容所是就地关闭，还是移交给接替的日军，现在不清楚，据说此地后来被华北特别警备队的特务队接管，是否继续关押战俘需要更深入的调查。但从华北各地的战俘营组建情况来看，1941年主要是往华北当地和伪满洲国掳送劳工，1944年主要往日本掳送劳工。而目前找到的证据表明从张店收容所外送劳工都是去伪满洲国区域的，故可以认为张店收容所的主要收容活动可能是从1941年春到1943年夏，大致两年多时间。两年多共关押了多少抗日军民，现在没有统计数字，但从驻张店日军1941—1943年在鲁东、鲁北、鲁中多次作战的俘虏情况，以及日本军、警、宪、特在警备地区抓捕的抗日军民情况估算，张店战俘营收容战俘劳工约5 000人。

据当年的战俘劳工回忆，日军在周围各地作战时抓捕的抗日军民，先用火车送往张店火车站，然后被捆绑着双手穿过张店大街押送到张店战俘营。战俘营门口挂着“张店俘虏收容所”的大木牌，门口两侧有两名武装人员站岗，院内四周高高的围墙上设有电网。关押战俘的牢房是用大仓库改修的，房盖是瓦垅铁板，墙是用青砖砌的，夏天热、冬天冷。牢房的大铁门很少打开，大铁门上有小铁门，是给战俘送水送饭、战俘大小便出入用的。因为门很小很低，出入须弯着腰、低着头。

战俘吃的是半生不熟的苞米粒，很多人都患上了胃疼病。因为吃不饱，战俘外出劳动时，经常到垃圾箱内捡东西吃，有时发现日本兵倒掉的剩米饭，即使变质发霉有臭味，战俘们也都抢着吞下肚子。战俘徐德厚 3 个月没有穿过鞋，在垃圾箱里拣到了一双破鞋，当宝贝似地急忙套在脚上。战俘每天要被押着外出劳动，有时为日军修工事建营房，有时到日军军用仓库，扫院、拔草、搬运货物。

战俘被送进战俘营后，先要进行审讯登记。有时，为了从战俘口中获取日军作战急需的情报，日军还常常对战俘进行严刑逼供，一些战俘被日军拷打折磨得死去活来。胶东有位姓李的平民，本来不是军人，却被当成战俘抓来，被敌人折磨得浑身是病，精神失常，头发、胡子很长，头发和身上长满虱子，每天自言自语地说：“我不是八路军，强迫我承认八路军，强迫我来坐牢。”敌人却说他是装疯，一直将他折磨至死。还有一个哑巴，本来不会说话，敌人却拿木棒打他，逼他说话，让他承认自己是八路军，承认是装哑巴的，一直把他打得昏死过去。“兴亚剿共队”还经常对共产党八路军被俘人员进行酷刑审问，并把不少立场坚定、坚决抗日的人员残忍杀害了。1941 年秋，“兴亚剿共队”配合日伪军到广饶等地进行“扫荡”，抓捕八路军军政人员 23 人，关押在张店战俘营 13 人，不久，将他们同另外关押的 5 名要犯共 18 人拉到张店东郊全部杀害。

战俘在战俘营关押一段时间后，除少数经教育送往伪政权或编入伪警备队外，多数被外送充作劳工，也有相当数量的战俘劳工被押到当地的淄博煤矿服苦役。据淄博煤矿史料和矿工的回忆，1941 年冬，日军为适应太平洋战争的需要，从各地强掳、抓捕、骗招了2 000名劳工，到日本人把持的鲁大公司、博东公司挖煤。日本矿主在淄川、博山矿区建立了 10 余处劳工窝棚，最典型的是在淄川黉山东北侧泉子村东南设立的“新民村”。这里关押了 600 多名劳工，因为其中有不少是日军俘虏的抗日军民，所以这里戒备森严。四周垒了 2 米多高的石围墙，墙上安有电网，四角及大门修筑了 5 座炮楼，里面驻扎着日本警备队和矿井队各一个小队，日夜有人站岗，还雇用了几十个把头持棍监视战俘劳工。

战俘劳工住的窝棚，周围用乱石砌墙，上面用玉米秸和茅草盖顶。在窝棚内的地下挖 1 米深 30 米长的沟，将土堆到两边，就是睡人的炕，上铺烂草破席，五六十个人挤在一起。夏天闷热潮湿，蚊子、虱子、臭虫咬得人难以入睡；冬天无铺无盖，冷风吹着雪花刮进来，室内冷得像冰窖。战俘劳工们穿着印有号码的破衣，吃的是又苦又涩的橡子面窝窝头，喝的是矿井里的脏水。上下井由矿警队持枪押送，进了窝棚不能随便出来，连大小便也要三五成伙被监管，毫无人身自由。挖煤拉煤，劳动繁重肮脏，每天干十几个小时，还经常无端挨监工的皮鞭抽和尖锤打，不少人惨死在井下。1943年流行“回归热”，窝棚里有400人染病，鼻子出血，浑身发烧。日本人不但不给治疗，还逼着战俘下井，对病重者以隔离为名，拖出窝棚扔进荒山野沟。泉子村附近有条山沟扔了许多劳工，人们称为“万人沟”。沟内尸骨累累，白天乌鸦老鹰叼噬，夜晚野狼嚎叫，令人毛骨悚然。

3. 徐州战俘营

徐州是江苏省西北部的一个重要城市，位于黄河、淮河之间，地据鲁豫皖苏四省要冲，为津浦、陇海两条铁路之枢纽。抗战时期，苏北地区先后归华北方面军驻济南的第二军、第十二军、第四十三军管辖。

徐州周围，山峦重叠，河川纵横，历来是兵家必争之地。1938年1月，日军先后集中8个师团、5个旅团约24万人的力量，南北对进，夹击徐州。中国第5战区先后调集11个集团军和军团、64个师约60万兵力防守徐州地区。中日在此进行了长达5个月的徐州会战，会战前期的台儿庄作战，中国军队取得了重大胜利；会战后期，日军企图把中国军队主力包围在徐州全歼，中国军队拼死突围，日军阻击追击，虽然蒋介石命令炸开黄河大堤，让黄河决口阻击敌人的追击，但中国军队的伤亡仍很严重。据战后统计，整个徐州会战（包括豫东作战），日军总计伤亡约3.2万人，中国军队总计伤亡10余万人。不少中国军人被俘，日军各部队在战地建立了俘虏收容所。1938年5月19日，徐州被侵华日军占领后，常驻一个师团的兵力，先后驻扎的有日军第一一四师团、第二十一师团、第十七师团、第六十五师团等部队。为了关押抗日军民，并利用他们就地进行无偿劳动，日军第二十一师团（又称鹫津部队），在1938年8月进驻徐州后，该部特务机关"宣抚班"在徐州北关，故黄河北岸何家店南（现徐州市铜沛路中段北侧，即江苏省徐州监狱所在地）建了一栋大木板房，四周拉上铁丝网，占地约3万平方米，名曰"徐州特别工人训练所"。实际是个战俘营，经常有一个班的日本兵在此看守，所长是日本人向野芳村，翻译是宋志明。

日本侵华期间，日军占领的苏北、淮北地区属华北方面军驻山东的第十二军管辖。日军为维持地方统治，还"以华制华"地在这里建立了"徐州治安维持会""江苏省公署徐州办事处""苏北行政专员公署""淮海省政府"及"徐州市政府"等伪政权。因为驻徐州日军及伪政权管辖苏北淮北20余县市，日伪当局及军、警、宪、特在周围各县"扫荡"，作战的俘虏和抓捕的抗日军民大都逐级上送到徐州。

1942 年，日本政府为欺骗世界舆论，麻痹中国人民的抗日斗志，导演了一幕所谓“中日邦交调整”，将由日军直接管理的军政机构移交给汪伪政权接管，实际上仍受日军控制。“徐州特别工人训练所”改称“徐州感化院”，由当时苏淮特区行政公署保安司令部军法处管理。关押人员仍是抗日爱国人士。由于战俘劳工在不断增加，战俘营也不断扩大。1944 年，苏淮行政公署撤销，成立淮海省，“徐州感化院”亦称“淮海感化院”，隶属淮海省保安司令部军法处管理，直到 1945 年 8 月 15 日日本宣布投降。

徐州战俘营关押对象有作战被俘人员，有抗日青年，有日军“扫荡”抓来的老百姓（嫌疑犯），也有国民政府地方官员，多时关有五六百人。这些被关人员以后大多被转入“徐州劳工协会”，押送东北做苦工，绝大部分惨死异乡。在“淮海感化院”阶段，不但关押战俘和“嫌疑犯”，还收容乞丐，实际上是借口搜捕没有带良民证的民众，变相抓捕劳工。

因为在会战前期的台儿庄战役和中国军队在突围中，日军伤亡较大，因此他们对中国战俘的报复心很强，对男战俘及伤员随意炮轰、枪杀，对女战俘既奸污又枪杀。

独立混成第三旅团第六联队长小男一雄还将被俘的 23 名女战士从俘虏集中营带往日军驻地“丰沛交界处的邵阳湖边”，在树林深处秘密建立了一个慰安所，供日军官兵淫乱使用。这些女战俘有时一天要遭 400 余名日军的轮奸，她们稍有反抗即被枪杀。有的被捆绑起来脱光衣服抽打下身，直到打得皮开肉绽。日军怕这一罪恶事实传出去，对此严密封锁，事前在慰安所60千米范围内的道路和山谷设卡禁止出入。此事后被日本华北方面军发现，小男一雄被撤职调回国内。为杀人灭口，日军将被糟蹋得不能行动的女战俘抬到洼地里，用机枪扫射后，浇上汽油点燃死尸，然后一把火烧了慰安所。国民党军方曾派人搜索、营救这些女战俘，准备用日军俘虏来交换。而日军则答复：所有战俘已经被中国军队的炮炸死。

“徐州特别工人训练所”刚建成时有一所大房子，两边分成10多间小房子，每间住10来个人。睡的是木板通铺，房门都没有落锁，战俘劳工的行动被严格限制在所内，被迫受法西斯奴化教育。他们的衣服各式各样，有穿灰布军装的，也有穿中式褂裤的，衣衫褴褛的为多数。

在“淮海感化院”阶段，战俘营进行了扩建。东面是普通监房，关押100多人；西面是特殊监房，关押特种犯人；往西约50米处有一座焚尸炉。截至日本投降该院被国民党接收时，只剩下5名所谓的犯人，设施也遭到一定毁坏。据当时的接收清单记载，共接收房屋9座59间，及其他财物若干。

战俘劳工张克亮回忆，1942年8月他们在安徽大解庄作战被俘后，先被关在南徐州城南关日军司令部审讯，两天后被押送到北徐州城西北角的一个日本训练所。吃的是窝窝头，根本吃不饱，六七百人关在一个大房子里，条件极差，臭虫很多，每个人身上都被咬得起了一层疙瘩。日军看管很严，解手必须先报告，被允许后才可以去。但是也发生过关押人员逃跑的事，他们用白灰迷住看守的眼睛，然后趁机逃跑。日军除强迫战俘劳工在战俘营种菜、编织筐篮外，还押送战俘劳工到战俘营外从事繁重的体力劳动。张克亮在此关押了两三个月，战俘营里的日军和劳工协会从中挑选了100多人送往东北充作劳工。他们先被送往辽宁阜新煤矿挖煤，后送往黑龙江虎林边境修路，最后又送到抚顺煤矿，直到日本投降才获得自由。

徐州战俘营从1938年建立，到1945年结束，经常关押的人数有五六百人，一般关押时间为两三个月。日军除让战俘劳工每天在当地劳动外，多数都送往东北充作劳工。关于战俘营关押的总人数，我们没有找到具体的统计，但从日军三个师团先后在徐州周围作战情况特别是徐州会战来推测，国民党军损失数万，俘虏较多；再从战俘营由开始的一栋房20多间，扩建到9栋59间可以看出，尽管日军在不断向外输送劳工，但该战俘营仍然处于饱和状态，因而不得不扩建。据此，估计徐州战俘营先后关押人数在1.5万以上，而且死亡率也相当高，否则就不会在战俘营内建立焚尸炉。

八、从济南到神奈川

1. 抗日救国被抓捕

他叫朱文斌，生于1917年，原籍山东省临淄县毛家屯村。

抗战初期，他家有父亲、兄嫂、妻子、两侄子、两子共9口人，耕地9 000余平方米。父亲和兄长有编织技术，他在慈善机构服务，生活上是农村中等以上的富裕家庭。

1941年5月，抗大毕业后，他被分到清河区（渤海行署的前身，在小清河南北，管辖益都、寿光、临淄、广饶等13个县）垦利县慈善机构就职，主要工作是拉清仗绳，清量荒地、定位数量，定界后，安置被日本军国主义的战火摧残而有家不能归的难民，引导其开荒种地、生产自救、维持生命。同年10月，他加入了中国共产党。

1943年12月，日本帝国主义开始了冬季“大扫荡”。在垦利县“扫荡”了21天，又称“21天大扫荡”。当时，日伪政权出动兵力数万人，以空中飞机盘旋掩护，地面骑兵开道，步兵紧随，展开拉网式搜捕。所到之处，烧杀抢掠，无恶不作，老百姓东奔西跑，四处逃命。

图18　朱文斌，原籍山东省临淄县人，被捕后，先后被关押在张店、济南、青岛战俘营，后被送到日本神奈川县充作劳工（何天义研究室拍摄）

12 月6 日，朱文斌于反“扫荡”中，在垦利县廿村村东荒滩被日本兵抓住，当时同他先后被抓的有4 人。为了不暴露真实身份，他们在登记造册时都已改名换姓。他原名朱文斌，被抓后改名朱喜文；另一名被抓者原名代遵平，被抓后改名朱太山；还有兵工厂工人宗祥官，被抓后改名宗尚官；被抓的还有被安置的难民陈秀清。

他们被抓后，被五花大绑着往村里押去。途中经过一条河，河内长满荆棘。朱文斌走在队伍中间，他前后观察了一下，觉得是逃跑的好机会，便故意放慢脚步，刚到河的南边就趁鬼子不注意，掉头向河的中央跑去。几个汉奸拼命追赶，他的身体好，一口气跑了半里路。回头看看没人，便松了口气。就在这时，北边传来日本人的叫喊声，他赶紧趴在地上。谁知，三个骑兵竟径直来到他的跟前。他们一把提起他，一边捆绑，一边用棍子打他的脑袋。再上路时，日本兵为了防止他再度逃跑，将他身上的绳子捆绑得更加结实了。走路时他头痛欲裂，脚像是踩在棉花上一样，不听使唤。

当天晚上他们被关在廿村一个阴冷潮湿的地窖里。深夜，四个伪军和两个打手对他们进行提审："八路军哪里去了？兵工厂在什么地方？银行制票机器藏在哪儿？……"

他的回答都是："不知道。"日伪人员便劈头盖脸地打他，并声称第二天早起会将其枪毙。

第二天，也就是12月7日，他们被拉到街上游街示众。日本兵提着战刀走在两边，伪军一边喊着"打八路"，一边用带皮掌子的鞋抽打他们的脸，他们个个被打得鼻青脸肿。押到利津县城时，捕俘人员已增加到162人，都是些手无寸铁的工人、农民。当天夜里由日本兵负责看押，就地露天过夜，不让他们吃饭，只准躺在冰冷的地上，不准有丝毫移动。有两名日本兵拿着残疾人用的拐杖，动不动就对大家进行殴打。圈里村木器厂一个姓皮的工人，就被打断了胳膊。

12月10日，日本兵用货车把他们押到张店战俘营。这时被抓人数增加到240多人，进到战俘营后全部被松了绑，而后又被反锁在几个仓库里。他住的那个仓库里住了80多人。仓库南墙3米多高处设一个用铁棍封闭了的小窗，日夜电灯照明，吃、住、大小便都在屋里，屋内臭气熏天。一日两餐，每餐分一茶杯煮熟的大豆粒，被叫着名字的从门上的小洞（十几厘米的铁口）里用手接过即食。睡觉则就地而卧，过着暗无天日的生活。一周后，他们被押送到济南新华院。

2. 刚出火坑又入地狱

济南新华院，人称“阎王殿”，是日军司令部专门关押犯人的地方。位于天桥西北角，西边靠近铁路。四面高墙，墙上架有电网，墙外的铁蒺藜网，一直伸到3米深的沟底，一圈4个岗楼。大门口，堵着两个铁蒺藜滚成的大碾子，西侧设一个岗楼，东侧拴着一群狼狗。夜间有日本兵巡逻，发现犯人随便走动，格杀勿论。

一进新华院，日军便强迫他们进行抽血。说是体检化验，实则为日军伤病员治疗输血。朱文斌一下被抽了4个玻璃管子，抽得他头昏眼花，身上出虚汗。抽完血后再换衣服。衣服有的是抢来的八路军和国民党的军服，有的是从死人身上扒下来的。吃的小米已变质，据说是国民党的储备粮。米袋上虫壳成堆，水洗后做成小米饭分食。吃后许多人高烧不止，而又喝不上开水，上火烧得鼻子出血。俘虏发病后就被送进病号房，在缺医少药的情况下，大量病号走向死亡。自朱文斌进入新华院的12月开始，每天少则死4—6人，一般死7—8人，最多时一天死了26人。1944年3月5日，日本搞所谓的“中日亲善”，为死者开“追悼会”。当时公布的数据是：1943年3月5日—1944年3月4日，共死亡1 482人。而实际死亡人数可能远比此多。

人死后，剥光衣服就被抬到停尸房。停尸房内老鼠成灾。朱文斌在抬尸装车时，经常看到有的人的眼睛被老鼠挖空，有的耳朵、生殖器、脚趾被咬掉，真是惨不忍睹。老鼠个头虽小，胆子却很大，在抬尸时还与人争抢。每天下午6点钟，抬尸班将尸体装上车，拉到济南西郊后，揭开木箱上盖，再拉开车后挡板，像倒垃圾一样，把尸体倒入万人坑。

战俘们在新华院不仅遭受了非人待遇，而且还被强迫进行体力劳动。抽完血的第二天，朱文斌就被押到济南洛口桥西南约3 000米的山上，为日军建仓库、刨地沟、平整场地，一直干到1944年4月9日被押往日本的前一天。

在新华院期间，挨打是家常便饭。所谓的出工不出力要打，从日本人面前经过不敬礼要打，日本军官走来不高喊“立正”要打，夜间大小便不报告要打，领饭打水排队不整齐要打……打人的暴行随时随地会发生，日本兵手上有什么东西，就用什么东西打，枪托、皮鞭、铁棍，亦包括挖地沟时使用的铁锨、镐钎。

3. 押往日本服苦役

1944年4月9日，新华院突然通知全院进行体检，由日本医务人员面视，选拔身体好的战俘进行身体检查，验证身高、重量、体力、握力等。大家推测，这可能是选劳工，要换新地方。朱文斌心想，不管去哪里，只要离开这个“阎王殿”就行。当时整个新华院关着1 200多名战俘，最后只选出100名劳工，战俘身体被摧残的程度，由此可见一斑。日本人把他们分成1个队、5个组，衣服也由原来的黄色换成灰色，每人发2条裤子。

4月10日，从北平西苑战俘营押来了200名战俘劳工，这批战俘多为共产党八路军战俘。其中有位叫安鸿印的被俘党员。

安鸿印，北京宛平斋堂人，1913 年出生，1938 年入党并参加抗日，1941 年担任开辟昌宛五区工作团团长，1943 年担任区长，在江水河村开展秘密工作时不幸被捕。先被关进北平宪兵司令部，后被送到北平西苑战俘营。被捕后遭受多次审问，他都坚持最初编好的口供。填写登记表时，他把姓名由安鸿印改为安槐荫；填写职务时，他把共产党的区长改为游击队宣传员。因此日伪人员认为他是一般战俘，将其送到北平战俘营不久，就又送到了济南。当时，他并不知道要去哪里，会干什么。

1944 年 3 月，日本人欺骗战俘，点名让八路军去大同做工。战俘劳工们为了早日离开战俘营，都抢着报名去。有的国民党战俘也冒充八路军战俘站队前往，被查出后还挨了一顿打。安鸿印因年轻、身体好，也被选上了。一天晚上，日军让他们站好队，用绳索把每个人的胳膊串联起来，在全副武装的日军押送下，到清华园车站上了火车。上车前，日军给每个战俘劳工发了一条白棉被，一身青棉衣。可能是担心战俘劳工在路上跳车逃跑，日本人没给他们发鞋和腰带。等一觉醒来，他们却被拉到山东济南，后来又被拉到青岛码头。在押往青岛的途中，有一个战俘跳车逃跑，被停车抓回毒打了一顿。这 300 名战俘劳工到达青岛后，又经日本医务人员检查了大小便，抽血进行了化验。等查明身体没问题时，才被允许当劳工。

日军为了利用中国人的矛盾来加强战俘管理，特意把北平的战俘劳工同济南的战俘劳工混合编队，而编队时又把八路军战俘同国民党战俘打乱。于是，朱文斌所在的济南劳工队同安鸿印所在的北平劳工队合并在一起，被押上了轮船。直到这时，日本人还不告诉劳工到哪里去，新民会选派的护送人员还放出风，说要送他们去上海学技术当工人。直到轮船经过对马海峡，战俘们才知道是被送到日本去当劳工。

他们从青岛出发，坐的是日本的“日快丸”号货船。船上装有大炮，途中还进行了实弹射击。船舱里堆满矿石，吃睡全在矿石堆上。轮船在海上漂泊了五六天，到日本下关下船时，300 人只剩 292 人，4 人死在矿石堆里被投入大海，4 人下落不明。

下船后，押送他们的人由日本兵改为日本警察。日本人先让他们集体洗澡消毒，水是白色的，下池后身上的关节像针刺似的痛。衣服和被子进行高温处理，生殖器周围还要涂上黑色的药膏。4 月 21 日，他们被集体押上火车，运到神奈川县与濑作业所，交给株式会社熊谷组，为日本修建水电站。

4. 争夺劳工管理权

李洪，是抗日军政大学的学员，在冀鲁边区被日军抓捕，后押到新华院战俘营。在日军登记造册时他改名李洪声，编号为 108 号。到神奈川后，以他为首，联络山西、陕西等地的 5 名被俘党员，成立了一个学习研究组，实则是地下党支部，暗中串连被俘党员开展斗争。

日本当局对中国劳工采取“以俘治俘”的办法，战俘劳工的生活、劳动条件，主要取决于日本当局和日本管埋人员，同时也与战俘劳工队的队长班长有关。如果选一个投敌的、贪腐的汉奸当队长，战俘劳工就会挨打受气，任由日本监工宰割；如果选一个代表劳工利益的人当队长，劳工的生活和劳动条件就会好点。因此，这支劳工队中的被俘党员从一开始就注意争夺劳工队的管理权。

这批劳工到达神奈川后，熊谷组将两地战俘共 292 人混合编为一个大队、六个班。这支劳工队接近 4/5 的战俘劳工都是共产党八路军战俘，但日本人却指定皇协军副官孙恒礼为队长。于是，北平的八路军战俘安鸿印等就秘密串连一些人，推选张相普为副队长，而济南的八路军战俘则推选王天吉当副队长，随队翻译又指定马盘根为副队长。开始因为北平和济南的战俘劳工互不了解，在一些问题上看法有分歧，后来两地的八路军战俘经过几次沟通，才加深了了解，统一了认识，加强了团结。

因为安鸿印、邱子玉经常代表劳工利益，与日本事业所交涉，还组织战俘劳工怠工，日本方面为了把他俩与其他战俘劳工隔开，就把他俩调到劳工事务所，让安鸿印当书记，邱子玉管记工结算。上班时他俩在事务所，周围有翻译、警察监督着。白天不能商议事，他们就利用晚上活动，研究如何对付监工、警察、队长等问题。

日本监工经常让战俘劳工超工时干活，他们就组织战俘劳工与其斗争。有时暗地里纵容支持战俘劳工打坏监工，当场群起对打，警察出来阻拦追查，战俘劳工都说是日本监工先打人，战俘才一齐动手还击。警察查不出真相，不好处理。于是，日本人派了一个国民党的排长给翻译当特务。战俘劳工们又用对付监工的办法，发动群众打了这个狗特务，警察来追查，他们就发动劳工趁机停工，延误工程进度，日方只好把这个特务调走。

战俘劳工每天上班实行两班倒，24 小时不停工，为日本修建水电站。住的是木板房，干的是挖运沙子、石头，推的是轱辘马。战俘劳工从事高强度体力劳动，日方既不发工作服也不发手套；既不给治伤药品，也不设安全措施。每天只给吃七八两橡子面、豆饼，人人面黄肌瘦，个个皮包骨头。为了不被饿死，他们只得到路旁、河边拔野菜、摘野果、抓毒蛇填肚子。一旦警察和监工发现，便要对他们拳脚相加。对待患病的劳工，更是惨无人道。不仅不治疗，还将伙食减半，逼迫他们有病也得硬撑着上工。确实支撑不了的，便赶出宿舍，拖到临时搭起的棚子里，无人看管，任其死去。与朱文斌同去的宗祥官，就是这样被活活冻饿而死的。还有 5 名劳工因受不了这种虐待逃跑了。五六天后，有 3 人被抓回示众，其余 2 人直到回国也毫无音信。

与此相反，不干活的班长中午吃加餐，队长是一天三餐饱食。因而，广大劳工对日本人指定的队长和副队长很反感。伙房的炊事班长也是日本人指定的，他贪污大家的伙食费来巴结翻译和队长，战俘劳工的伙食被搞得非常差。大家对炊事班长非常憎恨，于是在一个夜间，把他狠狠地教训了一顿，还向事务所提出换人要求。日方为了维持正常生产，只好同意换上了战俘劳工推选的人。这一系列斗争，无形中打击孤立了日方指定的队长孙恒礼和副队长马盘根，提高了群众推选的副队长张相普的威信。队长、班长都注意维护战俘劳工的利益了。后来他们又经过斗争，换了看护兵，增加了病号饭，改善了劳工的生活。

在秘密支部的领导下，神奈川的战俘劳工把秘密斗争和公开斗争相结合，一方面要求改善战俘劳工的生活；另一方面迟滞敌人的工程进度，破坏敌人的设备、生产。最常见最有效的斗争就是“放连环车”。

熊谷组的劳动，是把开采的石头装车，再拉到山上。山顶的平台有一台机器，把石头按大小进行分拣，沿着另一条铁轨运下去。上下运送时，9 辆车子用螺丝固定，首尾相连。战俘劳工报复的办法是：在往下放车子时，只挂挂钩，不拧螺丝或拧得很松。一旦放下去，几辆车便像脱缰的野马，顺势而下，相互摩擦、碰撞，“雷”声隆隆，火星四溅，似一条火龙，呼啸着直奔山下。山底下的人，早已停下手里的活，一边看着“壮观”景象，一边齐声高呼：“好啊，好啊，再来一次！”之所以大快人心，还有一个原因：轨道车出了故障就要修理，修理就需要时间。要修好变形的铁轨、散架的车子，至少需要半天时间，于是劳工便可借故休息。

此外，他们还不时切断电路，在铁轨接口处横上根铁棍，有时干脆将车子推到山沟里……为此，战俘劳工挨了不少棍棒，但能出口气，即使皮肉受点苦，大家心里也痛快。

5. 在松本机库的斗争

由于盟军飞机频繁空袭东京，神奈川的水利工程难以继续，熊谷组先把他们转移到山上伐木。1945 年 4 月，又将他们转移到松本市附近的山村，同由富士山来的 200 名战俘劳工合为一起，400 多人一块修建日军的飞机仓库。这里的条件更加恶劣，50 人一个班，吃住挤在一个 2 米高、5 米宽、25 米长的临时工棚里，高温、闷热、潮湿，到处是虱子、跳蚤、臭虫，不少人患上了皮肤病、夜盲症。战俘劳工在日本身体受到摧残、人身被剥夺了自由。工作服、手套、伤病医疗一概没有，日方还对不能上班的病员进行人身摧残。冬无取暖，夏无防暑，忍饥受饿，连蔬菜都不供应，只提供少量咸菜。既不发单衣，也不发棉衣，只发一双鞋子。夏季多数劳工拆被子做成单衣度夏。个人卫生用具除发一只牙刷外，其余一件未发。

尽管劳工的生活条件越来越恶劣，但秘密支部领导的斗争规模却越来越大。1945 年 7 月 1 日，他们提出纪念“七一”的要求，结果实现了。7 月 7 日，他们又搞了大罢工，并对生产工具进行了大破坏。这些活动引起了敌人的注意，加强了特务活动。7 月中下旬，他们为了增加粮食进行了三天的罢工斗争，这次却被敌人镇压了。日本人逮捕了王常玉（红军战士）、唐三和两个红色群众（国民党士兵），他们先被押入东京监狱，后被送到北海道煤矿服苦役，直到日本投降时才被放回。

8 月 15 日，日方突然宣布不上工了，每天一次升“膏药旗”的仪式也取消了。有人找来报纸一看，才知道日本投降了。饱受摧残的 400 多名劳工再也压抑不住心中的屈辱和愤怒，纷纷起来反抗。秘密支部的斗争由秘密变为公开。

在共产党秘密组织的领导下，劳工队重新进行了入员登记，重新选了队长、副队长，赶跑了日本管理人员和警察，焚烧了破烂不堪的工棚，搬进了条件好点的房子。

后来他们成立了斗争委员会，李洪、王光德任主任，安鸿印负责政治工作，组织党员和骨干成立了正义护卫队，并由安鸿印担任指导员，对内部加强了管理。规定不准逛妓院，不准和日本女人接近，不准拿老百姓的东西，不能丢中国人的国格和人格。

不久，秘密支部改为“正义维护会”，吸收非党员同志参加，并建立了小组会制度，互相监督检查。

正义维护会首先组织劳工到松本市大街游行示威，喊口号，写标语，揭露日本政府的残暴。接着清算战俘劳工中的败类，处罚了汉奸队长和班长，打跑了两个翻译官。马盘根是军阀连长，在济南战俘营就经常打人，这次本来是教训教训他，没想到民愤太大，把他打死了。当过特务的崔华云也挨了打，并罚他每天打扫卫生，给亡者灵牌供三次餐，磕三次头。

后来他们又推倒了三米多高的木板墙，砸烂了警察所，火烧了病号房，打了两个日本坏监工。当时，日本军国主义的残余势力虽已穷途末路，但仍在垂死挣扎。8 月下旬的一天，日本当局组织千余名警察和市民，对战俘劳工形成扇形包围，妄图对其进行强行镇压。战俘劳工也组织起来针锋相对，手拿铁棍、木棍，与日本警察对峙一天。最后，由美军出面，召集中国战俘劳工训话，强调“不要到市里扰乱治安”。当时找来的日本人却将这句话翻译成：“不要再胡闹，否则就杀头。”劳工中有懂英语的，一听就明白，这是日本人仍在仗势欺人。几个战俘劳工一挥手，便把已上车的日本翻译拖下来一顿狠揍。美国兵开车扬长而去，也没有再管。后来，还是当地的日本人把这个仗势欺人的日本翻译送到了医院。

在此基础上，他们还以正义维护会的名义，向财阀熊谷组展开斗争，拉着他们向上街游行的队伍赔罪，要他们赔偿活人的健康损失，为死者做骨灰盒，并包以白绫进行追悼。迫使他们给战俘劳工发被褥、毯子、衣服和零用钱，给社会上的在日的朝鲜流亡者及华侨以救济。后来，正义维护会又联合在日华人成立了联合会，选举代表到东京与日本共产党取得了联系，部署清算和分粮运动。由于他们举行了上述一系列活动，中国战俘劳工在松本市威望很高，很受日本民众的尊重。

他们的行动也引起了盟军司令部的注意。美军向中国战俘驻地派来了 20 多个士兵，名义是保护，实际是监视。后来，美军抓了在街头进行宣传活动的中国战俘宣传员，邱子玉代表中国战俘劳工队前往交涉时也被关了起来。为此，正义维护会把全体劳工拉到美军司令部讲理，美军架起机枪对大家施以威胁。中国战俘连死都不怕，怎会怕威胁，仍坚持同美国驻军讲道理。美军怕把事情闹大，影响盟国之间的关系，最后只好放人了事。

1945 年 11 月 27 日，朱文斌和安鸿印这支劳工队，由松本市坐火车，抵达日本博多港，同其他劳工队共1 000多人乘坐美国军舰返回祖国，12 月7 日回到青岛。但一上岸，他们就被国民党当局扣下，从 12 月7 日一直关到 1 月 15 日，要求他们参加国民党军。他们都表示不愿意当兵，要求回家。几经交涉，最后才把他们放了。朱文斌掰起手指一算，从被俘到回家一共两年，732 天。这两年时间，对于朱文斌来说，像一生一样漫长。踏上故土，见到亲人，恍若隔世，犹如梦中，他没想到能活着回来。回家不久，他便和李洪前往胶东，找到地委和行署，向党组织进行了汇报。组织在行署给他安排了工作，从此，他又投身到解放战争和新中国的建设中。

九、从济南到北海道

1. 撤岗时被日伪俘虏

图 19　战俘劳工幸存者王子安（何天义研究室拍摄）

他叫王子安，家住山东诸城吕标镇董家崖头村。1937 年，他 10 岁那年，日军先用飞机轰炸了县城，接着又派兵占领了全县。诸城县里的土地非常肥沃，但日军占领后，土地都荒芜了，老百姓生活困苦，民不聊生。为了活命，1943 年农历十月，他们全家逃荒到八路军的占领区，他也参加了八路军，进了（莒北县）县大队。县大队是新成立的，起初不足 100 人，本来一个班应该是 12 个人，他们班只有 8 个人。全班只有 3 支大枪，王子安只有 4 颗手榴弹。当兵第 5 天，他就参加了战斗。

那时，他们县周围全都是伪军和日军的据点。唯独西北方向靠近鲁中，鲁中第八支队是主力部队，县大队是地方部队，上级给的任务是配合主力部队去“抢粮”。那时八路军和老百姓的生活都非常困难，八路军吃的是小米饭和萝卜菜。当时伪军搜刮了老百姓很多粮食，都藏在据点的仓库里，县大队便带着民兵去日伪据点抢粮食。他们在那里同日伪军进行了三次战斗，前两次都是抢粮食，他们一个队总共抢回2 000斤粮食。最后一次为绝后患，把日伪军的据点给彻底“端”掉了。1944 年 3 月，县大队改编为独立营，他被分配到三连当兵。那时他们队伍的装备很差，与日伪军战斗全都在晚上。白天休息，晚上活动，先后与日伪军打了几次游击战。

宋戈庄是日军的一个据点，在诸城西北。再往南有一个贾悦村，是日伪军的大据点，驻扎着伪军的一个营。贾悦以东完全是日伪的地盘，贾悦以西是八路军活动的游击区。这天晚上，他们从住地出发，路过贾悦据点，在贾悦西边的乐庄吃过晚饭，然后一个连深入日伪军的心脏。

他们先打刘家庄，天亮时又攻下了西郭家埠。接着攻打宋戈庄据点。据点的东边是伪军，西边是日军，东边的伪军由连长刘贵奇带头投降，西边的日军逃跑了。接着他们又攻打贾悦。那里驻扎着日伪军一个大队，火力很强。他们独立营先包围了贾悦，围而不打，逼他们投降。围了三天，日伪军仍不投降，于是独立营绑上梯子，准备当晚发起总攻。吃过晚饭已是黑天，就在他们准备进攻时，日伪军突围逃跑了，于是他们一面追击日伪军，一面打扫战场。打下宋戈庄和贾悦村等于解放一大片土地，独立营活动的范围就能更大了。

1944 年 9 月，一天晚饭后，他们三连 100 多个人从驻地夜间行军 15 千米，开往诸城西边的枳沟镇。

营部给的任务是让三连和一连包围小韩家庄。日伪军队看到要被包围时，马上组织撤退逃跑，先往东南方向跑，碰上一连在东南方向围堵；又转向西南方向跑，又碰到三连堵在西南。只好又返回村里。那时候他们攻打据点全靠手榴弹，两个连两三百人，每人三四个手榴弹。当时天还不明，老远看见火光通红一片，日伪军被打得躲在屋里出不来，眼看着快缴枪投降了。

就在这时，太阳出来了。驻在枳沟的日军带着一个大队的兵力前来增援。独立营没有来得及撤退，一些战士被日伪军队包围。当时，他们三连一班有三个战士在村西门站岗。部队撤了，那三个战士还不知道。连指导员命王子安去撤岗，不幸遭遇日伪部队的反冲锋，因此岗上的三名战士同他一起被俘了，其他三人分别是陈惠禄、刘洪恩和王锡明。

2. 从日伪据点到诸城监狱

被俘以后，他们都遭到了日伪军的毒打，一边骂着一边打，而且把他们的衣服都脱掉，陈惠禄同王子安全身上下仅剩一条短裤；刘洪恩和王锡明被扒光了上身，下身只剩一条裤子。他们就这样赤身被关押着。

后来，日伪军把他们带到据点进行审讯。伪军问王子安："你这么年轻，死了不感到可惜吗?"

王子安说："做人，早死，晚死，早晚都是死，为了抗日，我死了也光荣。"

伪军一听，就用杠子打他，他咬牙坚持着。这时过来一个日本军官，可能是个小队长，他抽出指挥刀，用刀背砍战俘脖子。日本军官把刀架在王子安的脖子上，王子安站在那里没有动弹，也没有出声。只听见日本军官嘴里叽里呱啦地说着什么，同时还用刀背在他的脖子上像拉锯一样拉了几下。接着，他走到陈惠禄跟前，把陈惠禄摔倒在地上，拉起来再摔，周围很多伪军都看直了眼。就这样反复了多次，日本军官把他们俩折腾完以后，又让翻译问他们："叫什么?""多大了?""什么时候当的兵，当兵多长时间了?"王子安回答的唯一的真话就是"我是独立营的"，除此之外，都是骗敌人的。敌人问他："你们那个地方有多少八路军?"王子安知道当地就只有他们独立营一个营活动，而却说："有三个团。"王子安知道敌人是想了解他们的军事情况，所以就胡编乱造地回答了一通。

日本军官走后，伪军团长王太升带着30多号士兵，又来审问他们，而且带着讽刺的口吻说道："你们东打日本，西打日本，你们打的日本人在哪里?"王子安却非常认真地说："远的不说，先说近的，沂水（县）51个鬼子，打死36个，俘虏15个……"他给伪军们列举了八路军平型关大捷等打击日军的事实，又给他们说了第二次世界大战的国际情况，那个团长和他手下的30多个士兵也都认真地听着。伪军团长王太升的这次审讯进行了两个小时，与其说是对八路军战俘的审问，不如说是听八路军战士的宣传。后来，王太升又找王子安谈过一次话，而且说出了心里话："你们不要以为我们当汉奸，天天来打我们；其实，（现在）好比来了大雨，我们就是到这里来避雨的，将来国军（国民党军）打过来，我们再抗日也不晚。"

一听此话，王子安立即就想到蒋介石的曲线救国论，他驳斥道："作为一个中国人，吃在中国，穿在中国，需要抗战的时候为什么不去抗战？"

当时，王太升并没有反驳他，后来，他又告诉王子安："我们的士兵每天两斤煎饼，两顿饭，没有蔬菜。你们到这里和我们战士一样，也给你们一斤煎饼吃。"王子安等人晚上打了一宿仗，第二天被俘，一天没有吃东西。伪军给他们每个人分了 5 个煎饼，刘洪恩、王锡明、陈惠禄他们三个人和一个老百姓，由于年纪大点，加上一肚子火，都不想吃。当时王子安比较年轻，也确实很饿，于是就拿起煎饼吃了，伪军一个班把他们押往日本据点，王子安一边走，一边吃，等走到那个据点时，煎饼也刚好吃完。

到日本据点以后，伪军先把他们押进一个炮楼，这个炮楼有五六层，一层不住人，也没有窗子。在二层有伪军的一个班看守着，伪军们用一个大木梯子把他们下放到炮楼的一层，然后又把木梯抽走。

王子安是 1944 年 5 月入的党。他们一个连队共 8 个党员，然而在他们被俘的 4 个人中就有 3 个是党员，即刘洪恩、王锡明和王子安。他们在一起商定：第一，活着回去是不可能的，但是宁死不能当孬种，如果敌人要枪毙的话，他们就喊“共产党万岁”！第二，要绝对保守党的秘密。第三，在第一天敌人审问时说的是什么，在下次审问还要说什么。无论敌人动用什么刑罚，都不能改变口供。此外还有一条，如果敌人把他们押到诸城，要想尽一切办法逃跑。

在枳沟待了六天，敌人头一天审问以后，把他们押到炮楼底下，第二天早上提出来说要枪毙他们。他们当中的那个老百姓是抬担架的，便对王子安等人说：“同志，我不是八路军，我是老百姓抬担架的。”王子安对他说：“宁愿我们死，也不能让你死，你是抬担架的，是支援八路军的，再让你赔上性命，我们可对不起你。”

等敌人把他们拉出去枪毙时，王子安等四人都证明这个农民不是八路军，只是一个抬担架的，这样伪军就将其放了。剩下他们四个，排成一排等着被枪毙。

这时，一个日本人通过一个中国翻译问他们：“你们愿意死，还是愿意活？”

当时刘洪恩说：“人是为了活，哪能为了死？”然后翻译就给日本人翻译了一下，他们也不知道他翻译的是什么。后来，翻译又问他们：“你们当八路军受到的是什么教育？”

他们说：“为人民服务！”

他又问：“你们为什么要当兵？”

“我们那个地方被汉奸搞得土地荒芜，老百姓过不下去了，所以不得不当兵。”

日本人还问了其他一些问题，他们都重复着前一天审问时回答的话。

最后，翻译官请示了他的上级。不久来了四个日本兵，都穿着便衣，每个人手里都拿着一把匣子枪。日本便衣把他们四个人的胳膊用麻绳反绑在身后，以至于他们的手都被捆肿了。日本兵一手拿着木棍，一手拿着匣子枪，跟在他们身后押着他们走。一路上，不允许他们说一句话，看见谁乱动一下，就用棍子打谁的头。他们被夹在日军的行军纵队里，跟着日军回到了诸城。队伍的前面是骑着战马的日军大队长，中间是日军的战利品——他们几个八路军俘虏，后面是押解他们的日本便衣。队伍的前后都是参加增援作战的日伪军。快到离县城两三千米远的地方，他们碰上了陪日本人审问他们的中国翻译，并告诉了他们一个好消息："你们死不了了。"也就是说不会被枪毙了。但日军要把他们送到哪里，仍然是个未知数。

他们跟随日军进了县城里的日军营房（即诸城大学），城里的学生列队吹着"接官"号迎接日军回城。随后他们被押到营房外面（诸城大学西边的一处民居）。

押解他们的日本便衣开始审问他们，追查他们谁是共产党员。先问的王锡明。王锡明不回答，不回答就打，打了几下还是不说。王子安等人在里面也都听明白了，都做好了心理准备。

"那个小孩儿知道！"不知谁说了一句，然后他们就把王子安从里面叫了出去。当时他只有 18 岁，是四个人当中年纪最小的一个（那时陈惠禄25岁，刘洪恩33岁，王锡明29岁）。

王子安刚走出去，日本人就问他：“谁是共产党员?”

王子安却反问：“什么是共产党?”

“你星期六没有开会?”

王子安一听到这句话，就猜想敌人知道共产党的活动，于是就说：“我星期六没有开过会。”

“我只参加过班务会。”王子安想敌人一定是了解了共产党在军队里的活动时间，所以就装作不知道。因为那时候他只是一般的战士，当兵才六个月，所以，他就借故年纪小、当兵时间短，“蒙混”过了关。

问了不到一个小时。审问他们的几个便衣向负责审讯的林翻译汇报了审问情况：“（他们）什么都不知道，当兵才几个月，连个民兵都不如。”

林翻译笑了笑说：“看他们会不会唱歌，让他们唱一首歌听听。”

他们听说让唱歌，连忙站起来，唱了一首抗战歌：“中国抗战六年多，日本小鬼无奈何；如今和美英开了仗……这会儿眼看着要垮台，日本小鬼慌了手脚……”这首歌一共三段，他们记得不全，但还是声音洪亮地唱下来了，也让日本人知道了当时的抗战形势和中国人民的抗战决心。

一场轮番审问之后，日军又把他们押进日本警察总所。一进大门，他们每个人的脚上都被戴上一副铁镣，然后关进一间“木笼”。铁镣很重，一天放两次风。监狱的一面是木头栅栏式的墙，其间有一个小门，地上铺着木板，一共有两间。监狱里面关押的都是八路军。那个时候，王子安身上仅仅穿着一件黄色褂子和一条短裤。到了晚上，天气凉了，他们四个人就背靠背挤在一起取暖。白天那里也非常寒冷，即使冻不死人，也可能冻成关节炎，所以他们就用手不停地揉搓着膝盖。那时不仅仅天气冷，地板也很潮湿，他们的身上都长了疥疮，从脸上一直长到脚上，痒得难以忍受。

挨冻的同时，他们也时常挨饿。好的时候，敌人一天发给一次煎饼，每人分到三个五个；不好的时候，两三天吃不到东西，有时甚至五天都不给东西吃。

后来，日本人派汉奸来问他们："谁是共产党员？快承认了吧，你们承认了，马上就放你们。前段时间有一个八路军的通讯员，他承认是共产党员后马上就被放走了……"他们心中很有数，日本人这样说纯粹是诱骗——到了这个时候，只要承认是共产党员，马上就会被枪毙。

除了挨饿、受冻、长疥疮，日本人给他们喝的水也是又苦又涩又咸。由于条件恶劣，他们身上的疥疮蜕完了一层又一层，疮与疮连成一片，还有虱子、跳蚤不断骚扰。那时他们的头发有半尺多长，从脸的两侧耷拉下来，再加上一脸的疥疮，从远处一看，比鬼还要难看、吓人。33 岁的刘洪恩连饿带冻死在了监狱里。29 岁的王锡明和 25 岁的陈惠禄也残废了，站都站不起来。王子安年龄小一点，但行走也很艰难。刘洪恩死后，他们脚上的铁镣都被打开了，当时看守他们的警察向上面请示时说道："就算是开开铁镣让他们跑，他们也跑不掉，都不能动弹了，还怎么跑？"

他们在监狱里度过了一个晚秋、一个严冬，共 4 个月零 24 天。这段时间里，他们在死亡线上挣扎，每一天的经历都深深地刻在王子安的脑海中。

因为审不出谁是共产党员，所以他们又被转押到县政府监狱。农历腊月，他们一行 73 人被押上 3 辆汽车，从诸城押送至高密火车站。每辆汽车上都有机枪，有伪军押着。因王子安站在车的边上，一路上东北风吹着，到高密车站下车时他都不能动弹了。在高密住了一宿，第二天他们就被装上火车，押往青岛战俘营。

3. 从青岛到门司

青岛战俘营所在地早期是华北劳工协会青岛办事处，1944 年向日本输送战俘劳工后，改称为“劳工训练所”。青岛第一劳工训练所设在铁山路 85 号，青岛第二劳工训练所设在汇泉体育场。王子安这批战俘劳工就是送到青岛第一劳工训练所时，新所还没修好，他们就被关在一个临时客栈。这是一个坐东朝西的大院子，大门朝西，靠近门口有两排房子，南面三间，北面三间。南面三间是日本当官的住的房子；北面三间则是中国看守人员住的房子。靠东面有一个大房子，上下两层铺，两个过道，可容纳一千人。战俘劳工都在大房子里住。另外，房子北面有个伙房，再往东面是一个厕所。在院子南面还有一排垒好的水泥池子，池子比较深。起初他们不知道那是做什么用的。后来才知道，是个“水牢”——专门用来惩罚战俘劳工的，即扒光战俘劳工的衣服，让其站在冰冷的水池里。劳工大院的墙都是高墙，高墙上面架着四道电网。

他们在青岛住了20多天。其间到青岛4号码头倒煤、装船干过几天。战俘劳工在战俘营里的一日两餐，每顿两个馒头和一块萝卜咸菜。当时王子安年纪小，勉强能吃饱。

关押期间，发生过一次暴动。当时，大房间关押着近千人，每200人编一个班。那天晚上12点，突然有人喊："快起来，快起来！"一开始暴动，每个班的班长都吆喝着："赶快起来跑！赶快起来跑！"听到喊叫声，一千多名劳工都起来往外跑。离门口近的一些劳工跑得快，先跑了出去。王子安睡在最里面，刚站起来要跑，就听到外面响起枪声。这时，班长们赶紧改了口："赶快躺下，赶快躺下！"没有跑出去的劳工赶紧转身躺倒装睡。

过后听说那夜逃出去80多人，被抓回的人被剥光衣服，扔到水泥地上，用四棱木棍硬抽，有的劳工当场即被打昏了。打完以后，再被赤身裸体地吊到铁丝网的柱子上。挨打的地方在劳工房外面，其他劳工在房子里面也都能看见，都能听见。最后，那些挨打的战俘劳工又都被打入"冰牢"。因为水泥池子里的水在冬天都结了冰，所以人们把水牢改叫"冰牢"，就是让他们光着身子站在水泥池子里。

离开青岛的时候，日本人并没有告诉他们会到什么地方去，也没有告诉他们去干什么，更没有合同，只给每个劳工拍了一张照片。上船前，每个人都换发了衣物，一件白色衬衣、一条白色裤头、一身黄色单衣、一身黑色夹衣和一床棉毯。

1945 年 1 月底，日本人把他们1 000名战俘劳工从青岛大港押上了开往日本的轮船。那是一艘大货轮，轮船上有两个大烟囱。船舱里一多半的空间都堆放着大块的铁矿石，中间高、两边低，像一座小山似的。有的矿石上铺着草席，有的矿石上什么也没有铺。战俘劳工们就在矿石上面睡觉。船开到海上以后，听船上的一个船员说要去日本，然后大家就互相传说开了，这时王子安才知道他们要被送去日本。

在船上，他们吃的是玉米面，200 多人发给一口锅，让他们自己做饭吃。然而，在船上根本做不熟饭，起初的三四天，劳工们只能饿肚子。因为饥饿和病痛，很多劳工失去了生命。死去的劳工都被捆上铁矿石扔进大海。仅王子安亲眼见到的一次，就有七八个人一起被扔进大海。幸亏一个劳工发现船上有一个蒸汽管，用水桶盛上玉米面兑上水拧开蒸汽管做成粥吃，劳工们饿肚子的问题才算解决了。

从中国青岛到日本门司，轮船航行了 7 个昼夜。到门司以后，由于轮船太大，无法靠岸，次日一早用小船一船一船地把他们泊到码头上。战俘劳工们从船上下来以后，首先就遇上了站在码头左右两边穿着白大褂、带着白口罩、手拿喷雾器的女卫生员。她们的任务是给每个下船的战俘劳工防疫消毒。战俘劳工被领进一块空地，日本管理人员命令他们脱光衣服，脱下来的衣服用腰带捆起来放在一边，然后让他们沿着马路跑向一个大房间。马路两边站着两行穿白褂子的卫生员，大多数是女人。进入大房间，他们看到房间内有两米见方的两排洗澡池，每个池子边有一个女卫生员，手持长柄木勺站在那里，负责监视劳工洗澡。池子里的水并非清水，特别烫，而且还有一种药味，劳工们都不敢蹲下。这时，监管人员就开始用勺子舀水给他们浇头，同时还用木勺打劳工，示意让劳工坐下洗澡。大约洗了十分钟，监管人员才让他们从池子里出来。随后带领他们从另一条路返回脱衣点。他们解开捆着的衣服，也分不清是谁的衣服，拿上就穿。

4. 从九州岛到北海道

在门司消完毒以后，日本人又用船将他们送到下关。码头上的日本人，手中拿着贴有劳工照片的表格，看看表上的照片，再看看列队的战俘劳工，核查清楚入境的劳工后，让他们沿马路步行到火车站。途中有的劳工走着走着，突然就倒地死了，死去的劳工就横在路边上，无人理会。步行了很长时间，到下关火车站时天已经黑了。那里有一片大平房，看上去像是一个大货仓。房子里面是水泥地面，湿漉漉的。既不让坐着，也不让躺着，一直让他们站了一宿。那一天，从下船到洗澡，从洗澡到在下关火车站站了一宿，他们没有吃任何食物，也没有喝一点儿水。

第二天，他们坐上火车，大约四天四夜到达东京。在火车上的一日三餐，一顿一木盒大米团子，有一点海带。可是，这几天的行程中日本人未提供一丁点水，一到东京宿营地，干渴的劳工看见水就喝，也不顾冷热干净与否，王子安一口气就喝了9碗，但仍不解渴。他身边的两个人，每人都喝了13碗。第二天早上王子安醒来时，他俩已经死了，也不知道是什么时候死去的。日本人还以为他们在睡觉，踢了一下不动弹，才知道人已经没了。不久，王子安也患了严重的疾病，一路上都昏迷不醒。从东京坐火车走了一天一宿，又坐了两个小时的船，才到达北海道。那里冰天雪地，非常寒冷。劳工病倒了许多，几乎每天都有人死亡。据劳工们回忆，他们到的那个地方名叫“神威”，紧挨着它的是“歌志内”。劳工住的房子在“神威”北端，“歌志内”南端。“神威”的东面靠山，山上草很深，树也很多，紧靠着山脚下有那么一片空地，空地上盖的房子就是劳工们的住房。在劳工住房西边不远处有一条小河，小河旁边是一条公路。越过公路有一片开阔地，然后是一条铁路，过了铁路又是一座山。后来才知道他们劳动的企业就是“日本铁道工业株式会社神威出张所”。

他们刚到那里的时候，住房还没有完工。隔几米远立一个四方木柱子，木柱子中间钉上木板，木板是一块挨着一块钉的，有的木板不规则，所以衔接处就有很大的缝隙，但是这些缝隙就一直保留着，四面通风。屋顶也是用很薄的木板钉的。新建的木板房内，有上下两层铺，在大房子的左右两侧，大房子中间是走廊，大房子的总面积约300平方米。便所在大房子南端，伙房在北端，大房子西端是粮库，东端是洗澡房。板房周围缝隙很多。木板床上铺的凉席，每三个劳工同铺一个褥子，同盖一床被。冬季取暖，大房子走廊中间安放了三个大炉子，直径约 50 厘米，但由于房子大，板房内没有封闭，并不保暖。冬天下雪的时候，大风一吹，雪花就会从木板缝隙中飞进屋里。即使是在非常寒冷的下雪天，他们也得坚持干活。房子周围没有围墙，没有电网。平常劳工房里都有日本人看守，除了上厕所外不许随便走动，不论白天黑夜，劳工房里的灯都亮着。厕所紧挨着劳工房，封闭得很严，也是用木板钉的。虽然厕所里没有人看守，但是要想从厕所逃跑也很费事，需要把钉的木板拆掉才行，所以很少有人逃跑。

安排好住房以后，日本人给他们开了第一顿饭，是大米稀饭。开饭的时候，每个劳工发给一个木头盒子，接着有一个日本人提着一个水桶，水桶里盛着大米稀饭，每个人盛一勺。先从上铺分，王子安睡在上铺，所以很快就分给他一勺。他拿过饭盒仔细一看，这哪里是稀饭啊，根本就是稀米汤。不是说到日本能管他们吃饱吗？他转念一想：可能是开饭前先让他们喝点大米汤垫垫肚子吧！于是，他们就继续等着开饭。结果却盼来了这么一句话："这就是一顿饭，已经开过饭了。"第一顿饭没有吃好，他们就盼着第二顿，然而第二顿饭还是那个样子。劳工初到，名曰休息一个月，可是每餐只分给一木勺很稀的大米汤，就这样，他们一直吃了一个月的大米稀饭，后改为白面稀粥。这一个月里，可把他们饿坏了。

光这一个月里，就死了很多人，最多一天死了十几个人。因为王子安在东京时喝水喝多了，一直昏迷不醒，到了北海道仍然昏迷着。有一天，他无意中吃了一块冰溜子，刹那间浑身上下的病痛减轻了许多，很快也不难受了。在那里，劳工们有了病也不敢说，即使是像感冒一类的病，也不敢说出来，都咬着牙强忍说没有病。因为大家都知道：只要一进了病号房，就没有活着出来的。名义上说是病号房，实际上就是停尸房。

5. 矿井里的艰辛

一个月很快过去了，听说劳动时能吃饱，结果每餐每人只给两个很小的玉米面窝窝头，仅有二两重，另外只让他们吃一种不知名字的野菜。劳工每天重体力劳动 12 个小时，摄取的热量极为有限，与劳动对比相差太大。

他们全大队 380 多人分为两个中队，河南的一个中队，山东的一个中队，中队下面还分了班，一个班 20 人。劳工队的正副大队长、中队长、班长均是中国劳工，由日本公司指定，而作业组织负责人都是日本人。

第一天上班时，早上 6 点钟，他们先到矿灯房领取矿灯，然后分队干活。有的 10 人一队，有的 20 人一队，有的 30 人一队，还有专门带队的。带好矿灯以后，紧接着就下煤矿。那是一个大煤矿，矿井里面是斜面，坡度很陡，往下走的时候要特别小心，不然就容易塌陷下去。劳工在井下挖了一天煤，到晚上 6 点，再沿着斜坡走出矿井，光是走斜坡就很费力，再加上肚子里没东西，所以走上半个多小时才能走出矿井。

起初，矿上安排王子安用小风钻采煤，用大风钻打石头。带队的日本人非常残忍，经常拿锤子打劳工的头，每天都打，每天都有被打破头的。中国人听不懂日本话，就得挨一顿打。后来，又安排王子安等三个小青年跟着两个日本木工修坑道，这两个日本木工很同情中国人，王子安等跟着他俩干活，他俩不让他们干重活。但这样的人在领班、监工中较少。多数监工对中国劳工态度恶劣。有一次，战俘劳工正在屋里睡觉，一个日本人突然闯进来大声喊叫着让大家坐起来。坐起来的时候，王子安小声地骂了两句，结果被这个日本人打了他的脑袋两棍子。还有一次在煤矿里，王子安正低着头干活，一个日本青年冲着他大声叫嚷，王子安很气愤，就骂了他两句。日本青年火了，走过来就要打王子安。王子安也动手还击，两人厮打在一起。王子安把对方摁倒在地上，对方挥起手里的锤子，把王子安的鼻子和嘴打得直流血，王子安把嘴里的血水吐了对方一脸。后来，过来几个日本老人才平息了此事。

全大队作业编制和干活时间不是固定的，而是按采煤矿任务的需要经常变动。除上述作业种类，多数劳工是在井下用锹装车，从煤洞倒煤，推运煤车，等等。

每班的劳动时间是 12 小时，不论白班、夜班，十天一次轮换。除了中午吃饭的时候可以休息一下，其他时间不允许休息。在大煤窑里，每个作业队都有监工，专门监督战俘劳工干活。劳工稍有怠慢，一旦被监工发现，肯定要挨一顿毒打。劳工辛德章有病在身，干活慢了点，没有达到日本人的要求，于是监工就把他叫到一边，用木棍打他的额头。额头的一侧被打肿了，日本人接着又打额头的另一侧。打了还不算完，又用脚把辛德章蹬进煤流里，由高处顺煤流淌进煤车里，幸亏下边的劳工把他救了出来。就是因为这次毒打，他的右眼被打瞎了。

战俘劳工下窑干活时都会分配定额的任务，任务量多的时候，监工们就更加凶残，骂着打着逼着劳工干活。打石头是一个日本监工带着六个中国劳工，因为大风钻很重，干活时要五六个人抬着。这六个劳工几乎每天都得挨打，不是被打破头，就是打伤身体。在小煤矿干活的时候，都是日本监工把劳工押到洞口，监工不进去，让日本矿工跟着进去干活。

日本矿主只重视采煤数量，不重视劳动安全，因而劳动事故不断发生。在小煤窑，先是“非”字形采煤，为了增加产量，进行了“片”字形采煤，即将成片煤层采后，用大圆木支撑。有一次，他们班的 11 个人刚刚采完煤，支撑好圆木，准备回去吃午饭。没走出几步，就听得身后“轰”的一声，煤层大面积塌陷，所有采煤工具都被压在了煤层下面。回头一看，他们都有些后怕，要是再晚一会儿出来，他们 11 个人可能都被压死在里面。

还有一次，依然是在那个小煤窑，还是那个时间，中午下班吃饭时，他们一共 20 个人在窑里干完活，正在出窑，刚走出去一半，还剩王子安等 11 人在洞中时，前面的窑洞塌陷了，出窑的路被堵死。面对这种情况，他们 11 个人赶忙用手扒泥石流，煤窑的水很快灌到了洞顶，他们赶紧转移到窑洞高处等待。一天一夜过去了，忽然听到“天上”有人说话的声音，静静细听，声音越来越近，不一会儿到了眼前，那是几个日本老矿工。他们领着中国劳工在井下上行，越走越高，不知转了多少弯，走过多少危险段，在最险要的地方留下专人守护，走过之后才听到后边有塌陷的声音。在日本老矿工的带领下，他们终于死里逃生，走出矿井，老矿工们又在地上生着火让他们烤干衣服，遇难的中国劳工热泪盈眶，终生难忘，他们深深感谢日本老矿工的相救之情。

6. 逃生的苦难

由于生活、生产条件恶劣，许多劳工忍受不住折磨，逃跑事件不断发生，少则一两人一起，多则十几人。有一次晚上 12 点，在小煤窑干活的 11 名劳工集体逃跑了，他们都是济南人，逃跑之前都串通好的。没出一个月，所有逃跑的劳工都被一一抓回。因为北海道四周都是大海，中国劳工能逃离矿山，也逃不出日本。

这伙济南劳工逃出煤矿后，开始躲在山上，白天在山上待着，晚上才偷偷地下山。山下日本老百姓家的门都没有锁，都是拉门，一拉就开。他们就偷拿了一些大米、食品，弄到山上白天吃。光这么吃、藏也不行，他们又想着往北海道的北边跑，希望能想办法弄条船，坐船去苏联。

有一名劳工去海边找船，没有找到，却被日本人发现了。于是他赶紧往海边跑，日本人在后面追。日本人越是追赶，他越是往海边跑，越跑海水越深，最后活活地被海水淹死了。日本人还把他的尸体捞上来抬回矿山。

凡是被抓回来的劳工，都得挨一顿毒打，七八个日本管理人员围成一圈，或者用铁锹打，或者用脚踢，个个被打得遍体鳞伤，有的劳工当场就被打昏了。光打了还不算，最后还要剥光衣服，将逃跑的劳工一个个捆绑在劳工房走廊的柱子上，不给吃不给喝。管理人员轮流对其进行折磨，有的用烟头烫劳工的脸，有的用穿着木屐的脚狠踢劳工的小腿，每踢一下都是一道血痕。直到日本管理人员折腾够了，才把他们放下来。那些劳工的身体上不是流脓就是淌血，好长时间恢复不了。

不久，王子安发现，日本人家家户户都在挖防空洞，中国劳工宿舍的窗子和电灯也用水泥袋子遮住或罩上了。以前劳工上煤矿可以开着矿灯去，后来就不让亮矿灯了，而且要求所有的灯光必须关闭。为了防止空袭，日本人还在火车头上插满树枝，把车厢外表涂成花绿色的。防空警报一天响两次，八九里地都能听到。根据这种种迹象，他们分析战争快结束了，日本快灭亡了，这时不应该再组织逃跑了，跑出去没饭吃，还要受苦受累，抓回来还可能丢掉性命。于是大家一块儿商量，不再组织逃跑，而是等待胜利的到来。

后来，王子安等人又被分配到小煤窑干活。小煤窑就在神威事业所的南面。从劳工住房到小煤窑有五六里地远，他们去小煤窑干活期间，每天都是走着去走着回来。在那里，他用手摇麻花钻钻眼放炮（日本人放）采煤，一直干到日本投降为止。从大煤窑到小煤窑，总共劳动了5个月。

日本天皇在8月15日宣布无条件投降，但日本铁道工业神威出张所一直蒙蔽着劳工，直到8月20日，才让战俘劳工停工。

第二天，由几个八路军战俘牵头，战俘劳工们成立了纵队部，并组织全体劳工开会。他们向大家报告了日本投降的实际情况，介绍了第二次世界大战是如何结束的，后来又讲道："我们是中国人，我们不能像日本法西斯那样，用反人类的手段来屠杀老百姓，我们得有一个大国的姿态，不能在这里杀害日本的平民。"

当天晚上，劳工代表和日本方面管理劳工的负责人谈判了大约两个小时，由懂日语的劳工进行翻译，另外还有两个人负责记录，最终达成一致。主要内容就是要求改善劳工的吃、穿、住、用等生活条件和住宿环境。随后，日本方面也都按照他们提出的要求逐条照办了，劳工的生活也得到了改善。

在等待归国的两三个月里，战俘劳工都很守纪律，没有人折磨欺压日本民众。但是，对于那些很坏的日本监工，他们也决不轻饶。他们就把毒打辛德章的那个日本人在煤矿里给抓住了，准备将其押往劳工住地进行审判，没想到他走在半路上就自杀了。其他对中国劳工不好的日本监工和领班闻讯也都跑掉了，能找到的大都是对中国劳工比较友好的那些人。因此，铁道工业株式会社神威出张所虐待奴役中国战俘劳工访谈录的罪行，也没有进行审判。直到1945年11月底，这批战俘劳工搭乘美国军舰，回到祖国到达塘沽。

7. 不能干活就活埋

与王子安相似，赵玉强也是从济南青岛被抓到日本北海道当劳工的，两人都是被日本铁道工业株式会社强掳的，不同的是王子安在神威出张所，赵玉强在美呗出张所。赵玉强是山东省梁山县马营乡辛兴屯人，1943 年 17 岁时，因家里穷参加了八路军。当兵半个月后，他请假回家看望父母，被汉奸大队长发现，带着五个日本兵和六个汉奸，把他从家里抓走，敌人问他："八路军的枪支藏在哪里?"他没有回答，敌人就扇了他两个耳光。与他同时被抓的还有赵延同，他们俩被五花大绑捆了起来，带到离他们村6 000米远的程屯日本警察所。

一路上，日本兵和汉奸先用棍子打了他们二十几下，又打了十几皮鞭子，然后对他们说："把你们抓来，说出八路军在什么地方？武器藏在哪？就放了你们。"赵玉强的回答仍是："不知道。"结果又是一阵毒打，边走边打，一直到程屯警察所，才停了下来。在这里住了一夜，第二天一早，又把他俩押送到了郓城县监狱。到监狱一看，五间屋里的人挤得满满的，都是从周边抓来的抗日民众，他们俩和先来的人一样解开了被捆绑的绳索，被推进监舍，挤在一起，因为人太多坐不下，他们整整站了一夜。

次日早起，说是出来放风，实际却让他们站队集合，日本人向汉奸大队长说了几句，汉奸大队长向他们说："谁不能干活站出来。”当时，姜屯一个40多岁的农民站出来说：“我有病不能干活。”赵玉强因穿了一双新鞋，又连日赶路，再加上日本人和汉奸的毒打，他脚上起了大泡，走路非常困难，于是也说不能干。日本人听后，就对汉奸大队长说：“不能干活的都活埋了。”于是把他俩装上汽车，拉到西关外，先把那个40多岁的人活埋了。轮到活埋赵玉强时，一个好心的人说情，说他的年龄还小，也没有大病，脚上打个泡不妨碍干活。就这样，他幸免被活埋，到鬼门关转了一圈，又被拉了回来。

回来后，汉奸队长又站在他们200多人的面前训话：“哪个不能干活？还是活埋。”这时，队列里谁也不敢说不能干了。接着来了两辆汽车，把事先准备好的名单拿出来念了起来，念谁的名，谁出来，出来一个绑一个，然后押上汽车。两车拉了80人，赵玉强也在其中。车开动时人们都难过地掉下了眼泪，心想着将要到何处去，会干什么，还能回来吗？

他们当天就被押到了济宁，在旺家店住了一夜，日本人没有给他们松绑，还是绑着，绳连着绳。第二天一早又被押上了开往济南的火车。他们大约下午4点到了济南，下火车后，还是绳连着绳，把他们押到了济南新华院。

8. 初尝苦滋味

在济南新华院的头三天，没让他们喝水，到第四天有人抬点水来，大家都蜂拥争强，赵玉强因口渴难耐参加了抢水。日本人看到后，扭着他的胳膊，用大棒子打他的肩膀，打得他疼了好几天不能动。

在济南，日本人给赵玉强编的劳工号是90号。日本人每天把他们赶到济南市西南山坡上修工事，让他们在斜坡上挖一个长度5米、宽度2米的坑。因是山石，很难挖，干活中谁若想停下来喘口气，日本监工就会带着狼狗走来，看谁不顺眼，就放出狗咬谁。战俘劳工只能干活，不能向外看，一看就挨打。

日本人除了让他们干活，还设法折磨他们，让他们“钻洞子”。其方法是将苇席卷成一个小小的筒，叫他们在席子里爬，不能乱动，席子只要一动，就是一阵皮鞭子，他们差不多都被打过。

在监舍里，每天都会死人，人死后先送到停尸房，然后再用车拉出去。赵玉强就多次被派去拉死尸。由于天气转暖，有的尸体都已腐烂，还有的被老鼠咬掉了耳朵和眼睛。每次拉尸，都是先把死难者抬到小拉车上，再盖上席子，然后用车拉到战俘营外的万人坑。

在这里，由于经受不住日本人非人的折磨，一个聊城的八路军战士准备暴动逃跑，但被日本兵发现了，连刺四刀，当场死亡，后被狼狗吃掉了，当时的场面很凄惨。

他们在济南待了两个多月，大约是5月5日（端午节），日本人把他们集合起来押上火车，送到青岛劳工训练所，把他们安排在楼上住。在等待开船的时间里，日本人每天把他们押到码头抬矿石装船，两人抬一筐石头，有200多斤重。

活很重，饭却很少。一天三顿饭，每顿一个大木盒米饭，根本吃不饱。干了几天后，郓城唐店、城南丁长的几个劳工逃跑了。赵玉强因年岁小，不敢跑，就剩下他一个人。因为跑的 12 个人都和他住在一起，日本兵发现后找他追问："你小孩的为什么不报告？"

赵玉强说："晚上睡着了，不知他们什么时候跑的。"

日本人听后不相信，就举起鞭子使劲地打他，打得他身上鲜血直流，把穿的小褂都染红了。后来，这几个人被抓了回来，日本人才不找他的麻烦，而重点惩处那些逃跑的人。先把他们挨个痛打了一顿。接着，又被日本人押到门外五六十米的地方，让他们面向北，站成东西队形，当着全体劳工的面，日本军官从西到东，挥动洋刀，一气砍了 12 个人头，随即叫了 6 辆车，两个人头一扣，推了三四米，倒入大海，葬身鱼腹。当时，劳工们都吓坏了，谁也不敢声张，只有默默地掉眼泪。

在青岛，又干了两个月，船装得差不多了，他们就坐着这个轮船去了日本。

9. 美呗矿的苦难生活

同赵玉强同乘一只轮船的有 400 多人，其中郓城一带的有 80 人。在船上，他们被押在船舱里，不让随便出来活动。有的劳工生病了，日本人不给看。若看谁不能动弹了，就往海里扔。在海上走了七八天，死了三个人，都被日本人扔到海里了。1944 年农历八月上旬，他们被日本人押送到北海道美呗矿。

他们住的是木板房子，屋里没有床铺，日本人只在地上铺了几块木板子，上面铺了层草垫子，他们就在上面睡觉。屋里阴暗潮湿，虱子、跳蚤爬得满屋都是。吃的是橡子面做的饭，一天不到一斤，早上一个，中午两个，晚上一个，干夜班的再加一个馍，根本吃不饱。

刚到住地，日本矿主没让他们马上下井，只在井上干一些零活，并利用空余时间教他们学习日本话。赵玉强因年纪小，记不住，还被日本管理人员打了一次耳光。

在挖煤之前，日本人给他们编了大队、中队和班。大队长姓刘，副大队长姓胡，都是青岛人。班长是从劳工中推选出来的，与赵玉强同村，叫陈保存。

他们所在的煤矿有个大煤窑口，可以同时安排四个班干活。干活时先从一个大煤窑口走下去，又分为两个煤窑门，一、二班在一个门，三、四班在另一个煤窑门，其他的人干杂活、零活，或在井上面干活。

在井下干活，当官的头上顶的是红矿灯，战俘劳工的头上顶着白矿灯。每天干活分两班倒换。装车运煤用的是轱辘马，一车一吨多重，一开始一个班的任务是 50 车，10 多天涨到了 70 车，接着又涨到 80 车……最后加到 130 车，干不完不叫上井，干慢一点就挨皮鞭。

因为吃的饭多是橡子面做的，吃下后，胀肚子又拉稀，因此生病的很多。日本人不但不给看，还经常提着棍子打他们，因而，病倒的人越来越多，日本人见状，只得把他们替换下来，补上还没病的接着干。对那些生病的人，日本人仍是不管不治，死了就火化。

在井下干活，稍不小心就会发生事故，四班就发生过一次塌方事故，从洞顶上面掉下很多大石头，一个班全部砸死在井下，15 个人只挖出一条腿来，真是可怜！而日本人却像没事似地又补上 15 个人，继续干活。四班刚出事 20 多天，赵玉强所在班又打出了同样的岩石，也是一层一层的。当时，赵玉强负责打眼，他抱着 50 斤的风钻一干就是一夜。干着干着，突然又塌方了。这一次事故，15 个人中砸死了 11 人，幸存了 4 人，幸存者分别是赵玉强、王守军、常效友、杨存恕。

赵玉强在煤矿的一年时间，除经历了这两次大事故，还经历过数次小事故，可以说三天两头不间断。与赵玉强一起被抓的赵延同，就是在干活时被洞顶落下的石头砸断了腿，住院四个月，赵玉强照顾了他四个月。开始日本人不给他好好治，只做了简单的包扎处理，到后来病情恶化了，日本人想治但已经晚了，想截肢也不行了，结果赵延同死在了日本。

赵延同死后，赵玉强痛哭了一夜，他们从小在一起长大，一起度过快乐的童年，又一起被日军抓捕当了劳工，当时都才十八九岁。一个正直英俊的青年，就这样被日本鬼子毁了一生。赵玉强怎能不悲不恨呢?!

不久，赵玉强也被塌方坠石砸伤了。那一天，他正打着风钻，一个管技术的日本领班让他去搭棚子，于是他就放下风钻，去帮助搭棚子。当时，赵玉强刚用铁锤一砸，棚顶就震动了，接着掉下来好大一块石头。赵玉强被砸在井下机械的空间里，工友们听到喊声急忙用手挖，挖了好长时间，才在机械空隙里把他挖出来。刚被扒出时，他的血肉和煤面都沾在一起，头部还打了7个“拘子”，至今有2个还留在头部。后来，他住了7天院，病情稍有好转，日本人就又要他上班。

日本人为了完成任务，倒下一个劳工又补上来一个，根本不顾中国人的死活。干活稍有怠慢就会挨打，劳工胡小彬就因在井下休息了一会儿，便被日本监工活活打死。1945年过旧历年时，因为饥饿，赵玉强把门前挂的橘子吃了。当时，正好被屋里的日本人发现，于是就把他抓起来，用开水浇他的腿，把他的腿烫起了好几个大泡。这样时间久了，大多数人实在受不住了，不少人就有了逃跑的念头，一天夜里，郓城的侯长起、李宗道等6人逃走了，没想到他们跑了3个月后，又被抓了回来。

为了警告战俘劳工，日本人对他们严刑拷打，企图查出主谋。日本人拿来6个梯子，平放在地上，叫被抓回来的6个人，分别躺在6个梯子上，用绳子绑着他们的腿，接着再把梯子立起来，放在屋檐上，正好头向下，脚向上。日本人再用凉水向劳工的嘴和鼻子灌了起来，连浇了几壶后，日本人又拿来辣椒面，放在壶里一搅，然后再灌，这6个人都被呛得口鼻出血。反复折磨了几次后，才把他们放了下来。看到此景，战俘劳工们都心痛地闭起了眼睛，不忍再看下去，而日本人却让中国劳工接着惩罚他们。日本人先叫赵玉强上去踩他们的肚子，赵玉强不忍心踩，日本见他不使劲，就把他拉到一边，自己上去使劲踩，一直把这些人折磨到不省人事为止。就是这样，日本人还不肯放过他们，还让劳工们架着他们跑。那时候他们几个人的头都耷拉着，昏死了过去，跑了一圈又一圈，直到他们慢慢地苏醒过来，才不再跑。从那以后，赵玉强再也没见过这几个人，不知他们是被关进监狱了，还是被杀害了。

1945 年 8 月 15 日，日本天皇宣布投降，但是日本矿主却向他们封锁消息，直到两个月后，他们才知道日本已经投降。他们在日本干了一年多，郓城来的 80 个人，生还的只有 21 人，人人身上有伤，个个身上长疥。王宁军因矿井环境潮湿，得了风湿性关节炎，多年治疗不愈；常效友被日本人用鞭子打瞎一只眼，后双目失明，生活不能自理；杨存恕疾病缠身，终年未愈。如果日本再晚投降半年，他们就一个也剩不下了。他们在日本的生活，正应了中国一句老话："吃的阳间饭，干的阴间活。"

十、从济南到广岛

1. 从济南新华院到广岛加计町

战争后期，为了解决国内劳动力奇缺问题，日军在华北采用了“猎兔”作战，像狩猎兔子一样，趁拂晓时农民还在睡觉或趁其劳动毫不防备时，突然包围村落、集市等，集中抓捕中国民众，并通过严刑逼供、酷刑逼供，以八路军嫌疑犯造册，送进战俘营，以掩盖其强抓无辜之罪行。孟昭恩就是日军用“猎兔”作战抓进济南战俘营的。1944 年农历三月十八，日本侵略军包围了河北省大名县东滩村，任解放区第一区抗日队长的孟昭恩与几个农民同时被捕，从此开始了一段难忘的悲惨经历。

被捕 20 多天后，孟昭恩被押送到山东济南的新华院。因不堪虐待，他找了个机会逃跑了，但很快又被日军逮住扭送回来。在一通拳打脚踢之后，日本人把他的头往脏水沟里按，直到他昏迷为止。待他刚刚苏醒，又继续把他的头往水里按。为杀一儆百，日本人把他的双手倒背着吊起来，让他看着其他人吃饭，却不让他吃任何东西，连续几天让他水米未进。在这之后又逼迫他跪在新华院的大门口，让十来个大汉用木棍轮流打他，直至打手们累了为止。经过这种毫无人性的折磨，孟昭恩已经遍体鳞伤，衣服的碎布片陷进深深的伤口里，与血、肉黏结在一起，轻轻一碰就钻心地痛。坐不能坐，躺又不能躺，奄奄一息在地上趴了三天三夜。因失血过多、口渴难忍，他只好去喝便桶里的尿……

不久，日本人从新华院选了300人，强掳到日本充作劳工，大难未死的孟昭恩也被选上。与其一块儿被强掳的劳工还有一个叫吕学文的，是济南当地人。为了“以华制华”，临走前日军将他们重新编队，编为一个大队、三个中队，每个中队5个班。并指定了各级队长，担任大队长的是原国民党被俘军官张保甲。日军给这支劳工队起名为“中国人东亚建设队”。临走前，发给每人一身单衣、一双鞋袜和一条白布方形小薄被子。

1944年7月25日（农历六月初六）晚上，他们被押往青岛大港火车站，在保安客栈（青岛劳工训练所住地）住了4天。在青岛又编入新抓来的63人（从新华院来的300人中少了3人），编为第四中队。1944年7月25日，这360人被押上去日本的货轮船“锦隆丸”号。

上船后，日本人像运输猪牛一样，把劳工们赶进舱底，躺卧在煤炭、矿石或压船用的碎石块上。遇到大风时，船盖紧闭，舱里空气闷热，舱顶部的水蒸气凝成的小水珠像雨点似地掉落。由于海风大，船上做饭很难做熟，每人每天只能吃到两个半生不熟的用发霉玉米面做成的窝窝头，有时每人每天一个。人们既晕船，又口渴得厉害。开始的两三天，吕学文没喝上一口水，嘴唇发白而裂了口子。他身边躺着的一个三四十岁的劳工，干渴地嘴角流着白沫，他紧攥着吕学文的手说：“我是不行了，我死后你给我家中送个信，我是……村人。”话没说完就断了气，吕学文也没听清他是哪村人，听口音像是山东省人，他断气时还紧紧抓着吕学文的手。有战俘劳工渴死了，日本人才给搞了点有严重柴油味的淡水，但给得极少，每天4个人给一小碗，勉强能维持人的生命。由于船小，颠簸摇晃，加上缺少淡水和食物，又无随船医疗，有3个劳工死在船上，日本人在他们身上捆上重物，扔进茫茫大海。船在海上航行了7个昼夜到达日本下关码头。战俘们进行了所谓的“消毒”后，换乘火车到广岛，再乘汽车到达山县郡加计町安野村安野发电站建筑工地。

2. 安野发电站的血泪

这批中国劳工的任务是开凿一条输水山洞，并修建安野水力发电站。这是日本西松建设公司承包的工程。山洞总长8千米，是为了将泷山川上游的水通过这条输水洞引至最南端，以作为安野发电站的动力。各中队的劳工从所负责开凿的那段山洞的中间开始挖凿，向南北两头推进，各自打通后即可连接起来。第一中队有100人，住在坪野，是整个山洞的最南端，安野发电站也建在此处；第二中队约有100人，住在香草；第三中队约有100人，住地名称为津；第四中队有63人，住地名称为土居，位于山洞的最北端，是山洞的进水口。每个中队配有4名警察负责管理，这16名警察是由当地加计警察所派来的。

施工时，每个中队配有朝鲜劳工负责爆破，打眼放炮，将山石炸开，然后由中国劳工将开山时崩下的碎石块装进轨道上的轱辘马，再推出洞子倒掉。每天的劳动有定量，当天崩下的石块清理不完不能下班。每个中队两班倒，工地上昼夜不停。每个班要运 36 车石块，6 个人管一辆车，3 人装 3 人推，每班最少干满 12 小时，轮到歇班时还要上山砍柴干杂活。

日本监工把中国劳工当牛马使唤，任意打骂，或拳打脚踢，或用木棍子乱打。一中队的王金保（王进忠）在一次装车时撒了点沙子，就被监工“马义巴拉”（音）用铁锨柄打了好几下。一中队的耿忠欣因体质弱干活慢，被领班的日本人用大木棒子打了个半死，腿疼得站不住，还逼着他爬着干活。后来看他实在爬不动了，才给擦了几次药水，但他已落下了终生的伤残。二中队的潘洪元被监工用脚踢得腰椎脱位，至今留下伤残。任金喜因多次被打，身上留下 4 处伤疤。崔复训因出小解，被打得头部流血。

一个下大雪的天气里，中国劳工在冰天雪地里干活，日本监工在山上烧松树枝烤火。不知为什么，一个监工突然跑到一个穿着草鞋的劳工身边，把正在半山坡铲沙石的劳工一棍子打倒，那人倒下时胡子上沾的全是雪。收工时，吕学文和难友们把他抬回宿舍，第二天早上，这位劳工就死在炉子旁边。后来，吕学文还为此写了首纪事诗：

冰天雪地冷风寒，
劳工赤脚雪里站。
有个难友身体弱，
站在雪地打颤颤。
被逼无奈铲沙石，
肚空身寒干得慢。
遭到监工一顿打，
夜间一命归黄泉。

三中队有一次丢了两个窝窝头，日本人硬说是孟昭恩偷了，用燃烧的棉球烧他的腰，使他留下了终生伤痕。孟昭庆曾被日本监工用石块打破头，留下永久的伤疤。警察还指使队长、班长打人，用燃烧的木棍儿烫人。郭克明和王金贵因不堪忍受饥饿和劳累，晚上休息时逃了出来，两天后在广岛城门口被抓住，送到加计町警察所关押。警察审问他们时，把他们10个手指间都夹上竹竿，再使劲拉拽，疼得人指头都要断掉。开始的三天三夜里，滴水不给他们，后来的15天每天只给一口黑馍馍，郭克明连着18天没解过一次大便。18天后，日本警察把他俩送回大队驻地，在押解的汽车上，日本工头反复用香烟火头烫着郭克明的脊背，发出“嗤——嗤——”的声音，疼得他浑身哆嗦，直冒虚汗。此后，他的伤口化脓流水儿，在脊背上留下许多伤疤。日本人把他们押送回大队部后，又把全大队的人集合起来，让大队长用木棍把他俩打得昏死过去，用凉水泼醒后再打。后来送回二中队后又再一次对他们进行殴打，他们被打得遍体伤痕，站立不得，躺了5天后又被逼着去做工。

长期在潮湿的山洞里做工，加之无衣无鞋穿，多数人患有腰、腿关节病，还有人掉头发、长疥疮、拉痢疾。劳工负伤患病后日本人只给简单治疗，根本不让其治愈。劳工杨济雷在搬石头时右手食指被砸断，卫生室只给包扎了一下，至今仍留有残疾。二中队的宋继尧推车时因车脱轨，导致被沙子迷了眼，由于没有得到治疗，双目失了明，日本承包商派人将其送回中国塘沽码头便弃之不管，宋继尧只能靠乞讨卖唱为生。

据日本《外务省报告书》记载：360人中，患各种疾病者有269人次，患病率为74.72%，其中长疥癣者156人，害眼病者60人。360人中重伤者11人，轻伤者101人，因伤死亡6人，13人因重病和伤残不能做工，于1945年3月25日被提前送回国。

这批战俘劳工从济南出发到日本战败时停止做工，没发过衣服鞋袜，只穿着在济南发的一身单衣。说是衣服，早已烂得不成样子，缺袖少腿、大洞小孔、破烂不堪，难以蔽体，更不能御寒。劳工整天踩着石渣用力搬石推车，一双草鞋只能穿两三天，但工地上5—7天才发一双鞋，半数以上的日子是光着脚走路推车。冬天，他们赤脚踏雪，在寒风刺骨的山冈搬运石沙，夏天光脚踩在高低不平的碎石块上推车挖沙，洞内积水没过脚面。寒冬雪天，他们没有棉衣，只好将装过水泥的纸袋揉软些捆在身上御寒。

劳动是繁重的，食物是极差的。劳工吃的是高粱米、大麦米、地瓜面、豆饼面、橡子面，很少有盐和菜。正常做工者每天三顿饭，病伤者不能做工只能每天两顿。三顿饭的数量只够一顿吃，因此人们每天只能吃到小半饱。每个中队100人，每月只给两斤食盐，整天无肉无油无菜。因为吃不饱，劳工们就在上下班路上找野菜吃，但如果被警察发现了还要挨打。劳工在寻野菜时曾被河水淹死了两人。战俘劳工吃不饱，穿不暖，每天钻在山洞里还要干十五六个小时苦工，叫天天不应，叫地地不灵。面对这种苦难生活，吕学文一天下夜班，又写了几句打油诗：

老吕生来命不强，
新华院未死下东洋。
鞭打工苦何时了？
对月悲叹想家乡。

3. 惩处民族败类

中国战俘劳工由于遭受了难以忍受的屈辱和迫害，虽然在失去人身自由、被严密监视、极其残酷的环境下，反抗斗争却从未停止，有的逃跑，有的怠工，有的破坏机器，也有的举行了暴动。

刚到安野两个月，二中队的郭克明和王金贵不堪虐待，在夜间逃走，后被抓回。三中队的郑光远为了摆脱饥劳之苦，洗刷民族之辱，放弃了自杀的念头，选择了破坏机器后逃走。一天夜间，郑光远负责值班看管排水机，面对隆隆作响、飞快转动的发电机，他想：把发电机砸毁，难友们可趁修理机器时休息。他见四周无人，手举锹落，发电机不叫了，洞内所有照明灯都熄灭了，人们停工停产，他摸黑逃走了。被抓住后，他主动承认自己是八路军，日本把这次事件视为共产党有计划派来进行破坏的大案，将其关进广岛监狱长达11个月。

劳工们整天踩在碎沙尖石块上做工，而鞋子的问题一直没有得到解决。对此，日本管理员和大队长张保甲漠不关心，对要求发鞋的劳工不是骂就是打。

一天傍晚，劳工孙喜平收工回到宿舍，向大队长张保甲说："我实在没有鞋穿，不能做工了。"

张保甲吼叫着："他妈的，没鞋也得干！"

孙喜平反驳说："大队长，你怎么不去干呢？"

张保甲生气了，找了一把斧子，对着孙喜平的脑袋就砍。孙喜平急忙一躲，斧子砍着了他的半边脸，孙喜平"哎哟"一声昏倒在地上。大队长还要继续砍，被身边的人抱住了，孙喜平才免于一死。收工回来的人们听到张保甲这种残杀同胞的事件后，大家一商量，决定一齐到日本的警察所要求日本警察进行解决。去时大家都光着脚，大约有七八十人，像疯了一般往那里跑，许多日本居民都从家里跑出来看。第一中队第一班那天收工较晚，吕学文等人回到宿舍见空无一人，打听清楚后也追了去。他们中的一个人用日语向警察所长诉说了劳工们干活太累、吃不饱饭、没鞋没衣穿的境况，又状告了大队长砍伤孙喜平的事情，要求所长予以解决。所长答应给他们解决，并用汽车把劳工们送回宿舍。第二天，劳工事务所派人送去了一些破胶鞋，并许诺将做工时间缩短两小时，饭食定量也增加了一些，这次斗争初步取得胜利。

很快，端午节到了，事务所给每人发了5元钱，但在封闭的群山僻川之地，劳工没有人身自由，也无法买到东西。大家商量着把这些钱凑在一起，交给日本管理人员，托其设法买一头牛给大伙儿宰杀吃。7月13日晚饭后，劳累一天的劳工们大部分都入睡了，但有人发现大队长张保甲将一些牛肉拿出宿舍送给日本警察和大队翻译张浦江的太太。翻译官太太是大队翻译官张浦江私自带到日本的，劳工队没有她的口粮，因为大队长和这位太太有私情，所以经常把劳工的口粮偷偷送到翻译家。张保甲和一中队三班长王义才认贼作父、仗势欺人，平时经常打骂劳工。张保甲非常霸道，动不动就说："你们这些人不好好干活，我就割你们的耳朵。"全队有七八十个人挨过他的打。劳工们早就想除掉这些没有良心的东西。今天又听说他拿着劳工的血汗送人情。几个劳工就私下商议，趁其送肉归来，分组到路上拦截他，将其打死后扔到河里。不巧这几个劳工刚从后门出去，张保甲和王义才就从前门回来了。回来后又跑到伙房，让炊事员为他俩切肉，一边切一边吃，根本就不考虑这是劳工自己花钱买回的牛肉。看到这一情景，长期积藏在战俘劳工胸中的愤怒，如同火山一样爆发了。正在寻找他们的劳工追到伙房，大家群起而上，几铁棍就将其打死在地上。出事的当天晚上，看守警察报告了警察局。

第二天天快亮时，赶来的警察把劳工宿舍包围了，责令劳工们坐在自己的铺位上不许走动，把尸体照相后拉走了。下午两点左右，来了一辆汽车，翻译官张浦江和几个警察从汽车上下来，张浦江开始对劳工们训话："你们谁打死的大队长，谁打死的三班长，你们既然打死了他们，就应该敢做敢当，只叫一人担，不叫二人寒。"问了几遍，大家没人回声，你看看我，我看看你，个个都大眼瞪小眼。见没人回答，日本警察和大队翻译官开始引诱劳工们招供，翻译官转变口气说："你们打死的是坏人，不要害怕，大队长欺压你们，你们如果向上边反映，皇军也会处死他的。谁说话也是偏向活人，不偏向死人的，更何况你们是为民除害。"孟昭恩、吕学文都在现场，他们都没有参与杀人。当时他们都想着，反正是没有回国的希望了，反正天天吃不饱，活着也是活受罪，早晚也得死，于是吕学文第一个站出来，承认是自己打的，其他人也跟着站出来，当场就有13人自告奋勇承担了责任，大家都认为这是为民除害。这13人先被关进当地警察所，经审问后，有2人被放回，其余11人被送往广岛监狱。不久，日本人又将5个班长抓进了广岛监狱。1945年8月6日，广岛上空遭原子弹袭击时，因广岛监狱位于爆炸中心范围内，7月14日去的5人当天死亡，先去的11人也受了伤，至1945年9月13日才被放回劳工宿舍。

4. 受原子弹伤害的中国人

被押进广岛监狱以后，狱警叫他们把衣服脱下来，并发给每人一件囚衣，推搡着走进一间大囚房（日本叫拘制场），让他们先站在那里。一个五十多岁的狱警看了看他们，拿起一根粗竹竿劈头便打，从排头打到排尾，把竹竿都打裂了。接着给他们戴上手铐，分散关进了小囚房，每人关一屋，不许出门。大小便就在室内，便池带盖，粪便可流向屋外地下池。白天必须盘腿正坐，不许躺下或斜靠墙。如果坐累了歪一下身子，被看守发现要挨木棍或皮鞭抽打。劳工进去以后手铐没有摘下来过。饭食从门边的小洞送入，每天两三次，每次一个比鸡蛋大点的米饭团，再给点水喝。手戴前铐时可以用双手托着吃，手戴背铐时只好用嘴吞食。室内跳蚤多极了，有时喝剩下半碗水，一会儿跳蚤就把水面爬满了。自进这小屋到 8 月 6 日前，他们几个难友没有再见过面。

8 月间，广岛上空经常来飞机，监警经常叫他们前往防空洞。

1945 年 8 月 6 日上午，又听见一遍警报声，狱警急忙开狱门要放他们去防空洞。没等开完门，飞机就到了。忽然间一道强烈的光线，刺得人们眼睛看不见了，接着听到“轰隆”一声，犹如天崩地裂，吓得吕学文往狱门处一躲，被窗后的玻璃片打伤了后背，肩头也出了血。这时的狱门有炸坏的，有的还锁着。吕学文跑到院子里，看见一块被押的 10 个难友都没有受伤。这时候，飞机还隆隆地响着。天上浓云密布，空气很热，院里那些服刑的人都被炸死了。狱墙被炸开了一米多宽的口子，透过缺口，他看到狱外街上的日本人乱窜乱逃，房屋顶子都被炸飞了，大高烟囱全倒了。一会儿，监狱的管理人员又把他们关进一间没炸坏的狱房，后来又关进几个朝鲜人和一个日本老头儿。那位日本老人用一个钉子把吕学文伤口中的玻璃片一块块挑出来，并挤出了黑血。这以后他们的生活更苦了，每天只吃一个大麦米饭球，饿得人们东倒西歪，直到 9 月被放出狱。

出狱后，他们几个人盲目地在大街上走着。他们看见街上到处都是废墟，居民在路边搭了棚子居住。路上的汽车、电车都烧焦了，房子炸平了。当晚下着大雨，又饿又冷，几个人在半间未倒塌的破房里躲了一夜。于瑞雪的肚子疼，田长泳的眼睛也看不见。第二天，经一家派出所联系，西松组才派汽车把他们接回到安野住地。

1945 年 9 月 14 日，他们回到中队的时候，难友们还在继续做工，还是他们把日本战败投降的消息告诉难友们后，安野的中国劳工才停止做工了，而这已是日本投降一个月后的事了。西松建设公司在战后隐瞒了消息，强迫中国战俘劳工多做工一个月。

停止做工以后，战俘劳工们与有关方面进行交涉，生活才逐渐得到改善，人们才有了自由。后经中国政府代表与美国军队代表共同安排，于 1945 年 11 月 24 日，幸存的 317 名中国战俘劳工离开了安野建筑工地，登船回国。当年的 360 人共死亡 29 人，其中 3 人死于押往日本的船上，5 人在广岛监狱被原子弹炸死。其余绝大多数因劳累过度、营养严重缺乏，加之没有自由、忧闷成疾，而日本人又不给治疗，郁郁而死。

十一、战后的审判

1. 青井真光的罪恶

1944年春，新华院挂起了济南劳工训练所的牌子，配合伪华北劳工协会向日本本土输送劳工；又办起了纺织厂，为日本军队生产军需产品。工作任务的变化，需要一个既懂军事管理又懂经济经营的人。于是，1944年7月，驻济南日军第四十三军接替第十二军管理新华院后，任命46岁的日本陆军中尉青井真光接任新华院第三任院长松田，担任了第四任院长。

青井真光是个地地道道的“中国通”。1919年7月他来到中国，就职于中大公司；1929年，他前往天津裕大纱厂当了经理，在那里残酷压榨中国工人的血汗，囤积了数额巨大的私人财产。1944年初他北上长春，逼迫中国劳工开矿，不久又调到驻山东泰安109部队任大队副，从此开始了用真刀真枪屠杀中国军民的暴行。青井真光既有日本商人的奸诈，又有职业军人的凶残，是集奸商与杀手于一身的侵华分子。

他上任后，对战俘的迫害更加残酷。有一次，四个战俘想逃跑，青井真光当即用枪打死两个，另外两个抓回后，他又吩咐用狼狗将他们活活咬死。为了加速患病战俘死亡，他还命令卫生班向战俘身上注射苯酚溶液。

1945 年旧历年关，济南下起了大雪。战俘劳工无法到院外干活，只能饥肠辘辘、瑟瑟发抖地待在四面透风的屋子里。由于气温大幅度下降，新华院的战俘死亡率也在升高。

春节，是中国人的年节，而对战俘们来说，却只有饥饿、寒冷、凄凉，和对亲人的不尽思念。

除夕，新华院里大雪没膝，又刮起刀子般的西北风。进入黄昏，市区和附近农村已放起了密集的鞭炮，战俘们却只能三五成群地偎依在一起，用自己呼出的热气和体温互相取暖。寒风夹着雪花从墙缝里天棚上飘进屋里，战俘们瑟缩着，颤抖着，熬着难过的除夕夜。

没想到，午夜时分，日军竟要求战俘到院子里扫雪。战俘们不肯出来，日伪人员就用棍棒、皮鞭、砍刀对他们进行驱赶。战俘们穿着破衣烂衫站在寒风里扫雪，有的没有鞋袜，赤脚站在雪地里干活。脸冻紫了，手冻麻了，脚冻僵了，不断有人倒下。直到天快亮，日本人才让战俘们收工回屋。天亮了，大年初一来到了，新华院拉尸体的胶轮马车也活动了，车上装满硬邦邦的战俘尸体，拉了一车又一车。这个除夕夜由于光着脚扫雪，不少战俘劳工冻伤了脚，还有 60 多名战俘劳工冻死在地铺上和雪地里。

过了新年，又开始往日本送劳工，战俘们认为送到日本国后生命更没有保障，于是不少人想找机会逃跑。1945 年 2 月，日军在训练队挑选了 600 人，准备送到日本福山当劳工，其中有两人密谋潜逃，被日军发现了，当即将两人捆绑在操场高台的木桩上，周围布满了荷枪实弹的日本兵。日军召集新华院全体战俘劳工到现场集合观看。

由于战场吃紧，伤亡惨重，日军医院的血库告罄，青井真光又在战俘营专门成立了一支抽血队。他们把新入战俘营的年轻战俘编进抽血队，强行把大针管子插进战俘的血管，然后，一管一管地抽血，抽完后马上送往日军野战医院，输到日本伤兵身上。

青井真光不管战俘死活，只管抽血供血。有的人被抽得头晕眼花，浑身打战，难以站立，一病不起；有的人被抽得皮肤发皱，浑身煞白，像风干了的白菜帮子；有的被抽得身子蜷缩，眼珠突起老高，活活给抽死。这一批人抽得不能再抽了，青井真光就再换一批战俘接着抽。据在新华院担任过审问科长的高景武战后供称：在青井真光和高桥等人的主持下，仅 1944 年，新华院因抽血过多致死的人就近 500 人。

青井真光在新华院制造的黑暗恐怖，使战俘们丧失了最后一线希望。有的被逼得吊死在院里的柳树上，有的被逼得跳进院里的枯井中。日军和汉奸们还发明了一种打人刑具“狼牙棒”，即在木棒的一端周围钉满钉子，钉尖向外。谁要不听话，就用“狼牙棒”打，打得战俘身上汩汩流血。被俘的国民党军少将旅长齐子修，被青井真光任命为总队长。他因良心还未泯灭，令各队取消了“狼牙棒”。没过几天，齐子修便被青井真光撤销职务，软禁起来。

善有善报，恶有恶报。正因为青井真光作恶多端，日本战败投降后，他受到了济南人民的审判。

1946年6月，济南人民在国民党第二绥靖区军事法庭对济南新华院院长青井真光提出公诉，公诉青井真光在当院长期间残杀了中国人民12 000人。但青井真光却狡辩说只死了1 000多人。

问他任内为什么战俘吃不饱，死了那么多人？他说没有的事。

问他为什么大量残杀战俘？他又说没有的事。

问他为什么注射苯酚水杀害逃跑战俘，他还是说没有的事……

当被他任命，又被撤职的战俘劳工总队长齐子修走到他面前出庭作证时，他嘴软了，心虚了。

公诉书将青井真光的杀人手段归纳为消耗杀死法、枪杀犬噬法、禁闭置死法、寓杀于医法、强迫自杀法五种之多。公诉书最后还举例论证：

> 复查被俘战士如非多数被杀而死，则该院东北院之南屋（系被害将死者之住屋）内设大木炕，距调查时已经9个月之久，而炕上血迹斑斑，流至地下，渗入土内。进入其室，腥臭阴森，毛发为之倒竖。若非被杀者之血，则病人至死断不能流血。又院西之万人坑，一穴即埋数十人，二亩地乃无隙可容，竟向迤北开辟新区，复占半数有奇。于调查时股骨尺余，下颚骨牙齿犹存。

散碎骨片满布墓地，土为之白。如不将此万恶大憝处以极刑，何以慰我忠勇烈士之魂。

1946年10月15日上午，第二绥靖区军事法庭宣判：被告青井真光，于对“中华民国”作战期间，违反战争法规及惯例，共同实施暴行，连续杀害俘虏处死刑；连续虐待俘虏伤害其健康因而致死，处无期徒刑；连续使用俘虏为奴隶，从事不合规定之工作，处有期徒刑10年；遗弃死尸，处有期徒刑5年；数罪并罚，判处死刑。青井真光终于受到惩罚，在济南主要街道游行示众后被枪决。在正义的枪声里，青井真光蜷缩在血污中。但他一条命，又怎能抵得上万余战俘劳工的生命呢?!

2. 无影山与琵琶山

无影山、琵琶山，听听这两个富有诗意的名字，就能使人浮想联翩。然而，在日本占领时期，这两个地方却是令泉城老少不寒而栗的地方。当年，这两个地方，一个是掩埋战俘的坟场，另一个是屠杀战俘的刑场，是日军在济南制造的两个万人坑。

无影山万人坑紧挨新华院西侧，战俘劳工死后，都用马车拉往这里掩埋。一般情况下，每车载6人，拉到事前挖好的埋人坑前，用三齿钩将尸体拖进坑，一个个摞起，往上面撒一层土，就算了事。起初，每天向外拉一两车尸体。后来，一天拉五六车，最多时一天拉十几车。有时日本人还让受害者自己给自己挖坑，然后杀害于此。

济南万盛街铁工厂有四个工人，因为偷拿了日本人的几块煤，被关进新华院。他们和战俘一样忍饥挨饿、挨打受骂，每天还要外出给日军挖工事。看见战俘大量死亡，他们就琢磨着逃跑。一天外出劳动回院途中，他们正商议逃跑，却被日本兵发现给押了回来。回到新华院，十几个日本兵端着上了刺刀的长枪，把他们围在中间。日本兵先扒光他们身上的衣服，又让他们伸开手掌。

一个日本兵拿起一根粗铁丝，使劲向一个工人的手心刺去。随着那个工人一声惨叫，铁丝穿透了他的手掌，从手背上冒出来。接着日军又用铁丝穿透了他的另一只手。这个工人疼得头上冒汗，身体不停地颤抖。

接着又上来三个日本兵，如法炮制，将其他三个工人的手掌心用铁丝穿透，将四人拉到院里的大柳树下，用铁丝吊在树上。这不是用绳子捆着胳膊，而是用铁丝穿着掌心，一个人 100 多斤的重量由两个掌心的皮肉来承担，疼痛程度可想而知。瘆人的惨叫声，惊动了新华院各个牢房，撕扯着战俘们的心肺，令人毛发倒立。日本兵却在树下，用柳条和刺刀辱弄着被吊工人的下身，不时发出“嘿嘿”的狞笑声。

很快，四个工人就耗尽了力气，他们不再叫喊，手掌正在被撕裂，鲜血从掌心流出来，滴在头上，流到身上，落在地上。日本兵的乐趣消失以后，将他们从树上放下来。奄奄一息的工人以为他们大难结束了，没想到，日本人又把他们几个人用铁丝连在一起，拿着铁锨押着他们出了新华院。

赤身裸体的工人像被拉牲口一样，忍着剧痛和耻辱，被拉到无影山下。日本兵将他们手心里的铁丝抽下来，每人给他们一把铁锨，让他们挖个土坑。

血肉模糊的手掌，一接触锨把，便一阵钻心的疼，哪里还能攥住铁锨。天渐渐地黑了，鬼子兵等得也不耐烦了。见坑的大小也差不多了，日本兵让他们从坑里上来，站在土坑沿上。只听见鬼子兵一声吼叫，四把刺刀穿透了他们四个人的胸膛。工人们倒在了自己挖的土坑里。日本兵操起了铁锨，胡乱往其身上扔了几锨土，扛起枪走了。无影山被罩进阴森的夜幕中。

图20　2004 年，济南市城建部门在无影山一带搞基建发掘的战俘劳工遗骨（何天义研究室征集图片）

当时的无影山周围，从新华院以西至堤口庄以东，黄屯、黄岗、胜利庄、万盛街一带，尸坑遍地，白骨盈野。骨尸堆积，最多处厚度竟达 30 多厘米。当时，在附近居民中曾流传着一首歌谣：

新华院，新华院，
它是阳间的阎王殿。
谁要到了这里边，
既抽血，又剜眼，
有时还叫狼狗餐！
病了只有死，
想治是枉然。
十人进去一人出，
要想活命真比登天还要难。

除了无影山，当时日军在济南还有几处刑场。如任家山口、腊山和琵琶山，琵琶山刑场规模最大、杀人最多。

琵琶山刑场在济南市西郊十里河庄西南的琵琶山下，东西长 42 米，南北宽 40 米，占地面积1 680平方米。当初，这里是国民党修的烈士祠。日军占领济南后，把这里变成了屠杀抗日军民的刑场。

这个刑场建于 1940 年秋天，当时日军强迫战俘劳工和当地民众在其周围修筑了围墙和堡垒，在里面挖掘了埋人的大坑。1940—1945 年，凡是被济南日军军法会议判为死刑的抗日军民和爱国志士，大都在这里被杀害，不少人是从战俘集中营提出来，经军法会议判处死刑后在这里执行的。还有一些屠杀是日军为了提高士兵射击、劈刺技术和杀人胆量，把战俘从集中营拉来，被当作射击的靶子、劈刺的对象杀害的。有的被日军狼狗活活咬死，有的被挖去双眼、心肝，有的被活埋，有的被浇上煤油烧死。日军第五十九旅团长兼济南防卫司令官长岛勤部和第五十三旅团上坂胜部都多次在此杀害“扫荡”抓回的战俘和抗日民众。

1943 年 9 月的一天，日军把 12 名赤裸上身的抗日军民背捆双手，装上汽车，拉到了琵琶山刑场。指挥这次屠杀的济南防卫司令长岛勤早已率领行刑人员乘车来到杀人刑场。日军把受刑者蒙上双眼，拉到大坑周围，一字排开。射手们端起步枪，拉开枪栓把子弹上堂。长岛勤抽出指挥刀，向空中一挥，发出口令。就在枪响前的一瞬间，一名受刑者喊出了“中国共产党万岁!”“打倒日本帝国主义!”

就在开枪的同时，另一个受刑者不知怎么挣脱了捆着双手的绳索，箭一般地向刑场南边的围墙冲去。长岛勤用指挥刀一指，示意他的卫兵萱治明道向逃跑者射击。就在逃跑者纵身跃上齐胸高的围墙，准备跳过去的一瞬间，萱治明道扣响了扳机。逃跑者一头栽到墙外面。萱治明道也随即跑过去，他见逃跑者忍着剧痛，一瘸一拐地跑出去 200 米，于是第二次扣动了扳机，这个逃跑者彻底倒下了。

枪杀过程中，长岛勤一直站在坑边指挥，发现哪一名被枪杀者还有一息之气，就指示卫兵再对其射击，直到全部杀死。刽子手们乘车归去，琵琶山下又多了 12 个抗战的冤魂。

日军杀人狂暴至极，不分白天黑夜，想杀就杀。有时每隔一天就杀一次，每次人数不等，少则几人，多则几十人、上百人，每逢杀人时，惨叫声不忍卒听。日本侵略者屠杀抗日军民后，有时在尸体上盖一层或撒一层石灰，有时什么也不盖，曝尸坑内，下次再在上面屠杀。

1954 年审判日本战犯时，西十里河庄的居民房士银等村民控诉说：

> 山前当初是国民党修的烈士祠，日本鬼子来到济南以后，在里面挖了 8 个两三人深的大坑，那时常见鬼子用汽车装着我们抗日同胞拉到那些坑里去杀，杀人的次数是数不清的，隔不几天就来杀一回。我们记得民国三十一年腊月的下半月，有一回，下午日本鬼子开来三辆汽车，头一辆装的是日本鬼子，后两辆满装着我受难同胞，看见人都躺在车上，从汽车缝里看得很清，上边还有鬼子站着。汽车开到山前，鬼子先在周围站上岗，把受难同胞从车上拉下来，狼狗先咬，再用枪打。狗咬、枪响及受难同胞惨叫的声音我们听得很清楚，听了都伤心落泪。一会儿看见鬼子提着木桶从山前下来，到我们村南头唐盛祥石灰窑厂的井上打水，给狼狗洗血嘴，吓得我们整天提心吊胆。这样的日子我们过了六七年，在这六七年间，鬼子在这些坑里杀死我抗日同胞是数不清的，所以我们就叫它万人坑。

济南市郊六区王官庄于吉山控诉道：

在这坑里杀害的人数无法计算，所以我们都把这坑叫为万人坑。杀人次数太多，我已记不住多少次，但有一次我记得最清楚，多长时间也忘不了。因为杀人那天是快过旧历年的时间，就是在民国三十一年十二月下半月的一天中午以后，济南市日军由二大马路开来三辆汽车，每辆车上都站有日本兵，经过营市街开到琵琶山下，在万人坑的西门下车，车上满载的都是中国人，大约七八十名，押至坑沿用狼狗撕咬，然后用乱枪射死。其中有一个未打死的，年约20岁，听他说话口音是山东省沂水县人（当时在恐惧下未问他的姓名），他身中一枪尚能行动，待日本兵走后，黄昏时间即忍痛逃至王官庄后场，经我庄李维元等送到西十里河逃走了。其余的人统统被残杀死在坑内。这一次悲惨情形使人十分痛心。

琵琶山被汩汩血河濯洗，无影山被累累白骨覆盖。一次复一次，一年又一年，尸骨托尸骨，尸体盖尸体。每到天气炎热时，坑内臭气冲天，殃及周围数里内之村庄。邻近野狗也将被残杀者的尸体撕裂，四处叼拉，万人坑外的庄稼地里、山坡岗上，到处可见人头骨骼。那时候，无影山和琵琶山下，犬声阵阵，阴风凄凄，一幅人间地狱的惨相。

1945 年 8 月，日本宣布无条件投降以后，山东国民党当局接管了新华院，于同年 11 月对其予以解散。据国民党有关当局宣布：1943 年 3 月—1945 年 8 月，新华院先后关押抗日军民和爱国人士35 000余人，除国民党山东当局接收的2 000余名外，被酷刑劳役折磨致死者15 000余人，被抽血致死者100余人，被注射毒药、细菌致死者约1 000人，被押送到东北和日本国充当劳工者万余人。如果加上救国训练所和临时战俘收容所两处关押的人数，济南战俘营关押的战俘劳工约有5万人，除被送往伪军和伪政权者外，外送劳工2万多人，折磨至死者2万多人。死亡者大都埋在无影山和琵琶山的万人坑里。

1954年最高人民检察院为审判日本战犯，搜集日军侵华罪证，指示济南市人民检察院对琵琶山万人坑遗骨进行发掘。1954年12月、1955年1月，济南市人民检察院先后两次组织力量，仅对琵琶山万人坑的8个坑穴进行挖掘，就捡出遗骨4个木箱、6具席包、557具蒲包。经法医鉴定，均为遭日军屠杀的中国抗日军民。尸骨比较完整成形的有746具，其中男283具，女7具，难以推断的456具。屠杀的手段鉴定有火器杀害、锐器杀害、钝器杀害、颅骨粉碎致死，以及活埋等。

1958年，因城市建设，万人坑遗址所在地建起了济南材料机械试验厂和济南第二机床厂，每逢厂房扩建，都能挖出大量尸骨。这进一步证实了日军杀害抗日军民的庞大数字。后来工厂在遗址上建立了一座纪念碑，不时有日本民间团体和日本老兵来此参观悔罪，并深切表示，一定以琵琶山的事实教育子孙后代，决不让琵琶山下的悲剧重演。

图21　本书作者何天义（右）陪同美籍华人陈宪中（左）考察济南战俘营，在琵琶山万人坑纪念碑前留影（何天义研究室征集图片）

主要参考文献

[1] 何天义. 日军枪刺下的中国劳工（四卷本）[M]. 北京：新华出版社，1995.

[2] 何天义. 二战掳日中国劳工口述史（五卷本）[M]. 济南：齐鲁书社，2005.

[3] 何天义，范媛媛，何晓. 强制劳动——侵略的见证 死亡的话题 [M]. 北京：中华书局，2005.

[4] 谢忠厚，张瑞智，田苏苏. 日军侵略华北罪行档案（十卷本）[M]. 石家庄：河北人民出版社，2005.

[5] 谢忠厚. 日本侵略华北罪行史稿 [M]. 北京：社会科学文献出版社，2005.

[6] 何天义. 亚洲的奥斯威辛——日军侵华集中营揭秘 [M]. 成都：四川人民出版社，2007.

[7] 何天义. 日军侵华集中营——中国受害者口述 [M]. 郑州：大象出版社，2008.

[8] 何天义. 日军侵华战俘营总论 [M]. 北京：社会科学文献出版社，2013.

[9] 何天义．不应忘却的历史——日军虐杀中国战俘罪行录．南京电影制片厂等，2005.

[10] 傅波，肖景全. 罪行 罪证 罪责 [M]. 沈阳：辽宁民族出版

社，1995.
[11] 中共中央党史研究室科研管理部. 日军侵华罪行纪实 [M]. 北京：中共党史出版社，1995.
[12] 陈景彦. 二战期间在日中国劳工问题研究 [M]. 长春：吉林人民出版社，1999.
[13] 郭汝瑰，黄玉章. 中国抗日战争正面战场作战记 [M]. 南京：江苏人民出版社，2002.
[14] 刘宝辰，林凤升. 日本掳役中国战俘劳工调查研究 [M]. 保定：河北大学出版社，2002.
[15] 全国政协文史和学习委员会. 魔窟梦魇 [M]. 北京：中国文史出版社，2005.
[16] 全国政协文史和学习委员会. 劳工血泪 [M]. 北京：中国文史出版社，2005.
[17] 王道平. 中国抗日战争史 [M]. 北京：解放军出版社，2005.
[18] 贺贵严等. 济南五三惨案亲历记 [M]. 北京：中国文史出版社，1987.
[19] 朱建信. 济南大血劫 [M]. 济南：黄河出版社，1989.
[20] 济南市政协文史资料委员会. 济南日特机关罪行录 [M]. 济南：济南出版社，1990.
[21] 朱建信. 中国战俘 [M]. 济南：山东文艺出版社，1992.
[22] 中共济南市委宣传部，中共济南市委党史委. 济南抗战风云录 [M]. 济南：济南出版社，1995.
[23] 中共济南市委党史研究室. 中共济南地方史 [M]. 济南：济南出版社，2001.
[24] 青岛市档案馆. 铁蹄下的罪恶——日本在青岛劫掠劳工始末 [M]. 北京：中国档案出版社，2003.

［25］王广贞. 日军在济南的暴行［M］. 北京：中共党史出版社，2006.

［26］孙兴杰. 济南惨案［M］. 济南：济南出版社，2006.

［27］刘春明. 泉城丰碑［M］. 济南：济南出版社，2006.

［28］刘春明. 五三祭［M］. 济南：济南出版社，2007.